부자가 되는
정리의 힘

부자가 되는
정리의 힘

정리만 했을 뿐인데
돈, 시간, 의욕이 생긴다

● 윤선현 지음

위즈덤하우스

2부
차곡차곡 부자가 되는 정리법

3부
부자처럼 우아한 삶을 유지하려면

프롤로그

MBC 다큐스페셜 〈돈, 모으고 싶으세요?〉 프로그램 촬영차 전업주부 A의 집을 정리해드렸다. 촬영날 현관문을 열고 들어갔는데 거실이나 주방 등 곳곳에 엄청난 물건이 쌓여 있어서 창고를 방불케 했다.

"광고문구를 보면 '이거 싸다'라고 생각하게 되잖아요. 그럼 저도 모르게 결제 버튼을 누르게 되더라구요."

A는 소셜커머스에서 VVIP 등급일 정도로 스마트폰 쇼핑을 즐

겨 했다. 매일 업데이트 되는 상품을 보는 재미도 있지만, 결제도 간편하고, 배송도 빠르다 보니 편리함을 느껴 자주 이용하게 되었다는 것이다. 그렇게 물건을 쉽게, 또 많이 사다 보니 집 안에 물건을 쌓아두게 되었고, 그럴수록 청소와 정리는 번거로워졌다. 집안에 무슨 물건이 있는지 알 수가 없으니 있는 물건들도 잘 활용하지도 못하고 또 다른 물건을 사게 되었다. 제작진이 나에게 정리 컨설팅과 인터뷰를 부탁한 이유가 바로 여기 있었다. 구입하고 수납되고, 다시 구입되는 악순환의 고리를 끊어버리기 위해서는 안 쓰는 물건들을 처분하는 조치가 필요했다.

장장 6시간 동안 정리정돈을 통해 불필요한 물건들을 걸러냈다. 한두 번 쓰지도 않은 물건들은 더 이상 쓰지 않는 물건이 되었고, 있는지도 몰랐던 음식 재료들은 유통기한이 지나 먹을 수가 없게 되었다. 스파게티 소스는 무려 10개나 나왔는데, 그중 못 먹는 소스가 반 이상이었다. 싸다고 사고, 세일한다고 샀던 물건들이 쓰레기로 전락해버린 것이다. 그런데 진짜 문제는 따로 있었다.

작은 지출이 쌓이다 보니 월급의 70~80%를 카드 값으로 지출하게 되었다. 거기다가 쇼핑 외에 고정적으로 나가는 비용까지 감당하려면 월급으로는 부족해서 마이너스 통장까지 쓰게 되었다. 재무교육전문가 제윤경 대표는 우리나라 사람들이 낭비라는 의미를 오해하고 있다고 꼬집었다. 낭비는 비싼 것을 산다는 뜻이 아니라, 불필요한 것을 사는 것을 의미한다는 것이다. A는 스스로 인식하지 못했지만 낭비를 해왔던 것이고, 마이너스 통장은 낭비로 인한 자연스러운 결과였다.

경제적으로 어려웠던 과거나 물질적으로 풍요로운 지금이나 돈 때문에 어려운 것은 마찬가지다. 다른 점이 있다면 집안에 쓰지 않는 물건들이 가득하다는 것이다. 정리 컨설팅을 통해 안 쓰는 물건들을 버리기로 결심한 고객들은 마대자루로 몇 자루씩 버려지는 것들을 바라보며 "저 물건들을 살 때, 좀 더 신중했더라면 아마 부자가 되었을 거예요"라는 말을 쓸쓸히 내뱉곤 했다. 번 만큼 많이 쓰는 게 요즘 사람들이 돈의 스트레스에서 벗어나지 못하는 가장 큰 이유일 것이다.

그러나 한편으로는 더 많은 것을 욕심내게 하는 소비사회에서 아랑곳하지 않고 살기란 어려운 일이라는 생각도 든다. 끊임없이 '이것 한번 써보세요, 저것은 꼭 사셔야죠, 그것도 더 해보세요'라고 말하는 세상은 조금의 불편을 해소하기 위해, 잠깐의 즐거움을 위해, 소유의 기쁨을 얻기 위해 어딘가에 홀린 사람처럼 지갑을 열게 만든다. 로또에 당첨된 사람이 몇 년 만에 돈을 탕진했다는 기사를 종종 접하는 것처럼, 정신을 차리고 지키지 않으면 금세 사라져 버리는 게 바로 돈인 것이다.

그러면 어떻게 해야 소비를 권하는 사회에서 내 돈을 지킬 수 있을까?

소유의 욕망을 절제하고, 합리적인 소비습관을 갖기 위한 인생의 캠페인으로 정리를 하길 바란다. 정리를 하면 어떤 물건이 있는지 파악하게 되고, 안 쓰는 물건들은 버리게 된다. 그러다 보면 '이런 물건들은 군이 살 필요가 없겠구나' '비슷한 물건은 안 사도 되겠구나' '이 물건들은 빨리 써야 되겠구나'라고 깨닫게 된다. 그러면서 자신에게 진정 필요한 것이 무엇인지를 생각하게 되고, 물건을 소유와 욕망의 대상이 아닌 필요에 의한, 필요를 위한 도구로 객관적으로 인식할 수 있게 되는 것이다.

그렇다면 정리 후 A의 삶은 어떻게 바뀌었을까?

"아이들이 방바닥에 배 깔고 그림 그리는 것을 좋아하는데, 정리하기 전에는 집이 좁아서 못했거든요. 요즘 집에서 뛰어다니며 놀고, 배 깔고 그림 그리는 걸 보니 뿌듯해요. 다시는 정리 전 상태로 돌아가고 싶지 않아요."

그녀는 가족을 행복하게 하는 소비가 무엇인지 깨닫게 되었다고 말했다. 예전에는 세일하는 장난감이 있으면 무조건 사줬는데, 지금은 필요성을 느끼면 사주게 되었다. 생활용품이나 식재료도 '세일할 때 미리 사두자'에서 '없다' '모자르다' '필요하다'라는 생각이 들 때 산다고 한다. 그랬더니 카드값이 점점 줄어들게 되었으며, 마이너스 통장을 없앨 수 있으리라는 자신감도 생기게 되었다.

수많은 사람이 낭비의 굴레에서 벗어나지 못하고 새는 돈에 대한 스트레스, 집 안에 쌓인 물건으로 인한 스트레스 속에 살고 있다. 〈돈 모으고 싶으세요?〉 다큐멘터리 제작에 참여한 뒤 나는 더 많은 사람에게 돈과 정리의 밀접한 관계에 대해 알리고, 돈과 물건을 정리할 수 있는 구체적인 정리법을 알려주어야

겠다는 생각이 들었다. 그것이 바로 세 번째 책을 쓰게 된 계기가 된 것이다.

합리적인 소비습관과 저축하는 습관이 없다면 부자가 될 수 없다. 아껴 쓰겠다고 결심은 하는데 카드 대금은 늘 생각보다 많이 나오고, 돈이 잘 안 모인다면 정리부터 시작해보자. 마음부터 변화시키기란 어렵지만 몸부터 움직이면 마음이 저절로 변화되는 것은 진리다.

돈을 모으는 것보다 쓰는 데에 관심이 많다면 '돈 정리'를 해보자. 돈을 정리하면 돈에 대한 애정과 관심이 생기고, 돈을 아끼는 마음을 갖게 된다. 충동구매를 자주 하게 된다면 '물건 정리'를 해보자. 물건을 정리하다 보면 물건의 본질에 대해 생각하게 되고, 어떤 물건을 사야 되는지, 사지 말아야 하는지에 대한 기준이 생기게 된다. 그렇게 되면 순간의 기분전환 욕구나 소유욕을 물리치고, 원치 않는 돈을 쓰게 만드는 마케팅 전략에 속아 넘어가지 않게 될 것이다.

부자가 되고 싶은가? 그렇다면 이 책과 함께 정리를 삶의 캠페인으로 정하고 몰두해보는 시간을 가져보자. 안 쓰는 물건들을 과감히 치워버리고 집 안에 있는 물건들을 재정비하는 것이다.

내가 얼마를 벌든, 세상이 어떻게 바뀌든, 욕망에 지배당하거나 압박감에 시달리지 않고 내가 가진 돈을 지키는 방법을 알게 될 것이다. 정리하는 삶은 여유가 넘치고, 자유로우며, 잔고가 넉넉한 삶이다.

1부

부자가 되려면
정리부터 하라

우리가
부자 되는 것을
방해하는 것들

집 정리를 안 했을 때의 기회비용

많은 사람이 '내 집 마련'을 위해 한평생 돈을 모은다. 살면서 집처럼 값비싼 물건을 사는 일도 없을 것이다. 전 재산을 쏟아 붓고도 대출까지 받아야 한다. 아무리 집값이 떨어졌다 해도 2015년 서울 아파트 가격은 평(3.3㎡)당 약 2,000만 원이다. 전세는 점점 없어지고 반전세나 월세로 바뀌어가는 추세라 앞으로 돈 모으기는 더 쉽지 않을 것이다.

정리 컨설팅 일로 많은 집을 다녔지만 이렇게 큰 대가를 지불

하고 사는 집인데도, 사람들은 공간이 갖는 가치에 대해 금방 잊어버리는 것 같다. 집을 살 때는 기왕이면 좀 더 넓은 평수를 욕심내게 되면서, 살면서는 창고인 양 물건을 쌓아놓고 살기 때문이다.

정리 교육에 참석하셨던 한 분은 집에 물건이 많아서 넓은 집으로 이사 가야 할 것 같다고 진지하게 말한 적이 있다. 실제로 정리 컨설팅 고객 중 비용 때문에 고민을 하셨던 분들 중에도 '이사까지 생각했는데 적은 비용으로 넓은 집에 이사온 것 같다'며 굉장히 만족해하는 분들이 많다. 물건 둘 곳이 없어서 넓은 집으로 이사를 간다니! 물건 보관을 위해 지불해야 할 비용이 참으로 어마어마한 것이다. 그렇다면 실제로 물건을 둠으로써 포기해야 하는 기회비용은 얼마나 되는 걸까? 기회비용이란 여러 가지 가능성 중 하나를 선택했을 때 그 선택으로 포기해야 하는 것을 가

▲ 그동안 자기 방에 잘 들어가지 않던 아이가 정리를 해주자 그날 바로 전자 피아노 앞에 앉아 멋진 연주를 들려주었다.

치로 매긴 비용을 말한다. 물건을 두었을 때의 기회비용은 물건이 차지한 공간만큼의 가치가 될 것이다.

집이 원래 가구, 물건을 두어야 하는 공간인데 기회비용을 굳이 따지는 것이 의미 없게 느껴진다면, 대체로 사람들은 포기한 기회비용에 대해서는 무감각해지기 때문일 것이다. 포기한 기회비용을 따져보는 것은 골치 아픈 일이지만 앞으로 후회할 일을 줄여주고 합리적으로 행동하게 해주는 올바른 사고방식이므로, 안 쓰는 물건을 보관하는 것에 대한 기회비용을 한 번은 따져볼 필요가 있다.

세상에서 가장 비싼 옷걸이라 불리는 러닝머신은 사용하지 않지만 자리를 차지하고 있는 애물단지 중 하나다. 크기는 대략 $1\,m^2$ 정도를 차지한다. 그렇다면 러닝머신이 차지하고 있는 공간의 기회비용은 얼마나 될까? 앞서 얘기한 서울 평균 평당 집값을 기억하는가. 평당 2,000만 원이니 m^2당 약 613만 원이다. 러닝머신이 $1\,m^2$를 차지하니 러닝머신이 차지하는 비용은 딱 613만 원인 셈이다. 어쩌면 옷걸이로라도 쓰고 있는 것이 먼지만 쌓이게 두는 것보다는 현명한 것일지도 모르겠다. 러닝머신이 차지하는 비용이 이 정도인데 어느 집에나 있다는 창고방이나 옷들로 가득한 드레스룸이 있다면 어떨까? 작은방이 대략 2.5평이라면, 물건을 보관하는 데에만 5,000만 원을 쓰고 있는 것이다!

이 계산방법이 너무하다고 생각되는가? 부동산이니 손해가 아

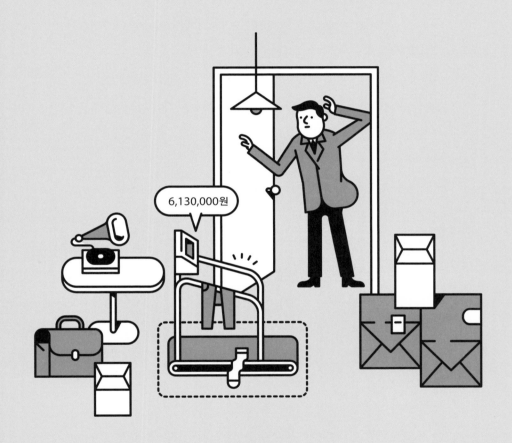

니라고 생각하는가? 《부자들의 생각법》의 저자 하노 벡의 사례를 들으면 좀 더 이해가 갈 것이다. 그의 고향 시 의회 의원들은 44억 원짜리 부지를 사서 3년 동안 그냥 놀렸다고 한다. 시민들이 그것을 지적하자 의원들은 "그렇다고 손해를 보는 건 아니잖습니까?"라고 말했다. 정말 그럴까? 그는 의원들이 틀렸다며, 큰 손해를 본 것이라고 말했다. 왜냐하면 그 돈을 가지고 다른 곳에 투자했을 때 이자율을 3퍼센트만 잡아도 44억 원에 3년이면 약 4억 원이 생기는 것이기 때문이다. 시의원들은 3년 동안 4억을 버린 것이나 마찬가지이다. 그래도 집값이 오르면 손해가 아니라고 생각하는 사람들이 있을 것이다. 그러나 우리나라에서 집은 더 이상 재테크의 수단이 아니다. 1970년대처럼 아파트 한 채 분양받으면 사자마자 프리미엄이 붙고, 2000년대 초중반처럼 1년에도 집값이 몇 천만 원씩 오르는 일은 과거의 역사가 되었다. 묶여 있는 돈은 다른 곳에 투자해서 벌 수 있는 수익만큼 손해를 보는 것이다.

부자가 되는 방법이란

두 명의 부자가 있다고 생각해보자. A는 간소한 집에 살고 있지만, 쓸 수 있는 돈이 매우 많은 사람이다. B는 온 집 안에 값비싼 물건들로 화려하게 치장을 해 놓았지만 당장 쓸 돈이 한 푼도 없다. 둘 중에 누가 더 부자일까?

대부분의 사람은 A가 더 부자라고 생각할 것이다. 우리가 궁극적으로 원하는 부는 돈이 주는 기회이기 때문이다. 만약 돈을 이자가 생기지 않는 금고에 모아 두었다고 하더라도 그 돈은 여전히 많은 가능성이 있는 반면, 물건은 이미 내려진 결정이고 죽은 자산이다. 그 돈을 펀드에 투자하거나 저축해 놓았다면 수십 년 후에는 더 많은 수익을 남길 수도 있을 것이다.

부자들에게 하는 말 중 '있는 사람이 더한다'는 말이 있다. 대표적인 사람이 바로 세계 갑부 순위 4위로 선정된 바 있는, 다국적 가구 기업 이케아의 설립자 잉바르 캄프라드 회장이다. 그는 15년 된 볼보 승용차를 손수 운전하며, 출장을 갈 때는 어지간한 거리라면 비행기 대신 기차를 타고, 경로 우대 할인 혜택까지 꼭 챙긴다. 슈퍼마켓은 항상 닫기 직전에 가는데, 떨이 상품을 싸게 사기 위해서다. 또한 자수성가한 부자들 중에 오래된 가구나 전자제품을 가지고 있는 사람들이 많다고 한다. 부자들은 물건이 죽은 자산이라는 것을 잘 알고 있기 때문이다. 나의 아주 가까운 사람 중에도 안 쓰고, 아끼고, 모아서 부자가 되신 분이 있다. 바로 나의 어머니다.

어머니는 시골에서 태어나고 자란 시골사람이다. 나와 쌍둥이 동생이 여섯 살이 되었을 때 가족을 먹여 살려야 하는 상황이 되었고, 서울로 올라와 파출부, 식당 종업원을 거쳐 페인트 칠 일을 하시면서 악착같이 돈을 버셨다. 덕분에 내가 열세 살이 되던 해에 처음으로 주택을 사게 되셨는데, 당시에는 부동산이 재테크 수단이었으므로 그 이후에도 열심히 돈을 모아 옆집을 사고, 옆집을 담보로 재건축 예정인 아파트를 사고, 계속해서 집을 사 모으면서 경제적으로 큰 여유가 생기게 되셨다. 어머니는 일당으로 번 돈에서 1원 한 푼도 허투로 쓰지 않았고, 또 다른 수입을 창출하는 데 활용하셨던 것이다.

우리가 돈이 없는 것은 돈을 적게 벌었기 때문이 아니라, 쉽게 생각나지도 않는 온갖 자잘한 것들에 돈을 썼기 때문이다. 그러므로 돈을 지혜롭게 지출하면, 우리가 가질 수 있는 기회는 더 많아질 것이고, 그것은 실질 소득을 높이는 것과 마찬가지가 될 것이다. 그러니까 진정한 부를 쌓으려면 물건은 적게, 돈은 많이 가

지고 있어야 한다. 요즘 인기 많은 재테크 책 중에 '푼돈을 무시하지 말라' '지출 구멍을 막아라' '소비 습관을 바로잡자' 등의 내용이 빠지지 않고 포함되어 있는 이유가 바로 그것이다. 으레 하는 말처럼 들리겠지만 정말로 평범한 사람이 부자가 되기 위해서는 푼돈을 모아 종잣돈을 모으는 것을 첫 번째로 해야 한다. 종잣돈이 생기면 그 돈을 투자하여 돈이 돈을 벌게 하는 시스템을 만들어야 하는 것이다.

정리를 하면
부자가 될 수밖에
없는 이유

물건 정리는 지출 관리의 시작

《지갑 방 책상》의 저자이자 일본 최고의 공장 비용 절감 컨설턴트 하네다 오사무는 자신의 임대 사업을 했던 경험을 들려준다. 세입자들을 관찰해보니 월세를 연체하는 이들의 공통점 중 하나는 방이 매우 지저분했다는 점이다. 그는 이 경험을 통해 '정리정돈과 저축 사이의 연관성'을 깨닫는다. 정리정돈을 하게 되면 '내가 왜 이런 쓸데없는 물건을 샀을까?' 하는 반성을 하게 되고, 결국 돈이 낭비되는 요소가 무엇인지 깨닫게 된다는 것이다.

정리하는 활동은 물건의 본질에 대해 생각하고, 가치에 대해 판단하게 하므로 필요에 의해 물건을 사고, 도중에 버릴 만한 물건을 아예 사지 않게 되는 것이다.

정리 컨설팅 중에 고객들은 이른바 '멘붕'을 경험한다. 현장을 벗어나고 싶은 마음에 잠깐 외출을 하겠다고 하거나, 낮잠을 좀 자고 나오겠다는 고객도 있다. 우리에게는 익숙한 풍경이다. 구석구석 숨겨졌던 온 집 안의 물건들이 눈앞에 펼쳐지는 것은 흔치 않은 경험이다. 지금까지 얼마나 많은 물건을 샀는지, 쓰지 않았는지를 확인하다 보면 지금까지 살아온 방식에 대해 혼란을 느끼고, 회의를 하게 되는 것이다. 그러니 물건들을 보고 싶지 않다거나 피로감을 느끼게 되는 것은 자연스러운 일이다.

한 번의 큰 혼란을 겪은 뒤, 모든 물건들이 제자리를 찾게 되면, 고객들은 정리된 집이 얼마나 여유와 행복을 주는지 알게 된다. 그리고 다시는 정리 전의 집으로 돌아가고 싶지 않게 되고, 버려질 물건은 사고 싶지 않게 된다. 정리와 함께 새로운 삶을 다짐하게 되는 것이다. "고객이 평화롭고 질서 있는 환경 속에서 생활할 수 있도록 새로운 습관을 형성할 수 있게 돕는다"는 미국 정리전문가협회(NAPO)가 만든 정리 컨설턴트의 사명처럼, 정리 컨설팅은 공간의 변화뿐만 아니라 고객들의 소비습관이나 행동양식까지 변화를 준다.

정리 전문가를 고용해서 하루 만에 완벽하게 끝내는 방법도 있지만 스스로 정리함으로써 충분히 삶을 변화시킬 수 있다. 나는 그런 사람들을 위해 오래전부터 '정리력 카페(http//cafe.naver.com/2010ceo)'에서 특별한 프로젝트를 운영하고 있다. '매일 버리기' '매주 1가지 주제 정리하기' '매일 목표 3가지 달성하기' 등. 프로젝트 중에 사람들이 가장 많이 참여한 프로젝트는 '정리력 100일 프로젝트'이다. 100일 동안 날마다 정리 미션을 수행하는 것이다. 정리 미션은 공간, 돈, 시간, 관계에서 스트레스와 낭비를 일으키는 요인들을 정리하게 한다.

100일이라는 시간이 부담스럽게 느껴질 수 있지만 어떤 행동을 습관으로 만들려면 100일이라는 시간이 필요한 법이다. 사람들은 100일이라는 시간 동안 '정리'에 몰입하는 특별한 경험을 하게 된다. 안 쓰는 물건을 처분하면서 충동구매를 막게 되고, 집에 있는 물건들을 더 잘 사용하게 되면서 불필요한 지출을 줄이게 되는 것이다. 그러면서 집이 정리됨은 물론이거니와 점점 돈을 모을 수 있는 자신감과 습관이 자연스럽게 자리 잡게 된다.

흩어지는 돈 모으는 돈 정리

실제로 정리력 100일 프로젝트에 참여한 회원들은 정리 미션을 통해 소비생활의 변화를 체험했다고 말하는 경우가 많다. 러

블리 님의 사례가 대표적이다.

"쇼핑리스트를 스마트폰에 입력해 놓고 필요한 물건만 구입하게 되었습니다. 그랬더니 쇼핑하는 데 걸리는 시간이 많이 줄었어요. 예전에는 물건 구경하느라 시간도 많이 걸리고, 충동구매하는 일이 종종 있었거든요."

"소비욕구가 자제되는 것 같아요. 꼭 필요한 물건인지 몇 번씩 생각해서 사게 되고, 모셔두는 일이 없게 되었거든요. 물건에 대한 태도도 바뀌었어요. '비싼 물건이니 아껴서 쓰자'가 아니라, '아낌없이 쓰자'로요. 이렇게 생각하고 나니, 내가 물건에 지배되지 않고 주인이 된 느낌입니다."

핑크 님은 가시적인 성과까지 얻을 수 있었다.

"마트에서 무언가 구입할 때도 '반드시 필요한가'를 한 번 더 자문하는 습관이 생겼고, 그 결과 카드 값이 20%나 감소하게 되었답니다."

회원들에게 가장 인상 깊었던 미션에 대해 설문했더니, '돈 정리' 미션을 많이 꼽았다. 결혼 후 처음으로 남편과 함께 현재 재정 상태와 미래의 재정계획에 대해 이야기를 했다는 회원도 있었고,

휴면계좌에 잠들어 있던 돈을 발견한 회원도 있었다. 지출통장을 정리하다가 통신비 결제 수단을 다른 신용카드로 변경하면서 할인 혜택을 받은 회원도 있었고, 신용카드 일곱 장을 속 시원하게 잘라버리고 낭비의 유혹에서 벗어난 회원도 있었다. 그동안 가계의 재정과 지출에 대해 확인하고 정리해볼 기회가 없었는데, 미션을 수행하면서 눈에 보이지 않던 돈이 보이기 시작했다는 것이다.

몇 년 전 열풍을 일으켰던 《4개의 통장》의 저자 고경호 씨는 "많은 사람들이 충분히 저축하지 못하는 이유는 자신의 수입 중 얼마를 어디에 지출하고, 매월 얼마를 남기는지 잘 모르기 때문"이라고 말한다. 대부분의 사람은 한 달에 얼마의 돈이 들어가는지 잘 모르고, 얼마의 저축금액이 적당한지에 대해 확신이 없다. 그래서 더 모을 수 있는 돈도 쓸데없는 지출로 빠져나가 흩어져 버리는 것이다. 그렇다면 지출을 관리하는 가장 좋은 방법은 무엇일까? 답은 간단하다. 한 달에 얼마의 돈이 들어가는지 정리하고, 오늘 내가 지출한 내역을 정리하는 것이다.

지출한 내역을 정리하면 불필요하게 지출한 것은 없는지 계속 관심을 가지고 개선해 나갈 수 있다. 은행에 '통장 정리'하러 간다는 표현을 쓰는데, 그 말을 사전에서 찾아보면 '은행과의 거래 내역을 통장에 기록으로 나타냄'이라는 뜻이 있다. 모이는 돈과 빠져나가는 돈을 잘 정리할수록 푼돈이 쌓여 종잣돈이 되어가는 과정을 보게 될 것이다. 구체적인 방법은 2부에서 살펴보도록 하자.

정리하면 쇼핑을 하지 않게 된다

사실 쇼핑을 권하는 사회에서 소비습관을 바꾸는 것은 담배나 술을 끊는 것만큼 어려운 것이다. 《습관의 힘》의 저자 찰스 두히 그는 습관은 근절할 수 없다고 말한다. 담배 피던 사람이 담배를 끊으려고 하면 담배 생각이 더욱 절실해지는 것처럼, 무조건 아끼고 안 쓰려고 할수록 욕망은 커질 뿐이다. 그렇다고 방법이 전혀 없는 것은 아니다.

습관이란 신호에 대한 보상을 얻기 위해 반복적인 행동을 하는 것이라고 한다. 어떤 흡연자들은 담배를 피움으로써 휴식이라는 보상을 얻는다. 그렇기 때문에 담배를 끊으려면 휴식이라는 동일한 보상을 얻을 수 있는 또 다른 반복행동을 하면 된다. 습관을 없애는 것은 어렵지만 다른 습관으로 교체될 수는 있기 때문이다.

그렇다면 우리가 쇼핑을 통해 궁극적으로 얻으려는 보상은 무엇일까? 《Stopping 쇼핑》의 저자 에이프릴 레인 벤슨은 요즘 사람들이 쇼핑에 중독되는 이유는 새로 산 물건으로부터 위안을 얻고, 매력적인 사람이 되고 싶기 때문이라고 한다. 말하자면 자기 자신을 사랑하기 위해 매주 백화점과 마트를 배회하게 되는 것이다.

외로운 마음을 보듬고, 자신을 사랑하는 마음을 되찾는 또 다른 반복행동은 없을까? 나는 정리를 하면 쇼핑하는 것과 동일한 보상을 얻을 수 있다고 확신한다. 아니 쇼핑이 주는 일시적이고 개인적인 만족감에서 더 나아가, 자신의 인생에 근본적으로 도움이 되는 보상을 얻을 수 있다.

좋아하는 물건들을 발견하고 사용하면서 안정감과 만족감을 얻을 수 있고, 정리로 인한 여유 증가와 스트레스 감소로 인해 자기 자신을 긍정적으로 느끼게 되기 때문이다. 무엇보다 상황이나 물건을 통제하면 기분이 좋아지게 된다. 스스로 행복감을 느끼는 사람만큼 매력적인 사람도 없을 것이다.

정리가 실제로 행복감과 자아효능감을 느끼게 한다는 것을 나는 여러 카페 회원들의 경험담을 통해 확신했다. 미깡 님은 '정리를 열심히 했더니 성격이 바뀌었어요'라는 제목의 재미있는 성공담을 올려주셨다.

"그동안 정리에 대해 배운 것들을 적용하면서 생활했더니 성격이 바뀌었어요. 오랜만에 한 MBTI 검사에서 성격유형이 ENFP에서 ESFJ로 바뀌었거든요. ENFP는 일명 스파크형이라고 해서, 반복되는 일상을 잘 견디지 못하고, 일을 잘 마무리 짓지 못한다는 단점이 있어요. 멀티플레이를 좋아해서 과부화에 걸리기도 하구요.

이번에 나온 유형은 참을성이 강하고 양심적이며, 정리정

돈에 탁월하고 타인에게 관심을 잘 쏟고 잘 돕는다는 특징이 있네요. 바뀐 성격이 너무 너무 마음에 들어요. 전에는 제 할 일을 다 하지 못해서 남에게 부탁하는 경우가 너무 많아서 괴로웠는데, 요새는 제 일을 항상 제시간에 끝내고 다른 사람들을 도와주게 되어서 너무 좋아요."

글 속에서 변화된 자신에 대한 애정과 밝은 기운이 느껴진다. 정리력 프로젝트에 참여한 이정희 님 역시 정리 후 삶의 긍정적인 변화를 느꼈다고 한다.

"정리력 100일 페스티벌에 참여하기 전보다 기분이 더 좋아졌어요. 100일 동안 정리하고 난 지금, 저는 매우 행복합니다. 앞으로 더 많이 행복해질 수 있으리라는 자신감이 생겼어요."

자기계발서나 심리학 책에서 '나 자신을 사랑하라' '자존감을 높여라' '자신감을 가져라'라는 말을 많이 하지만, 아는 것과 결심만으로는 변화하기 쉽지 않다. 그렇다면 정리에는 어떤 효과가 있길래 사람들이 이렇게 자기 자신과 삶에 대해 긍정적으로 변화하게 되는 걸까.

"서랍 속에 가지런하게 정리된 속옷을 볼 때마다 기분이
좋아요. 지나갈 때마다 서랍을 열어보게 되요." ●커피한잔 님

일단 정리정돈된 공간을 보면 기분이 매우 좋아진다. 꼭 필요
한 물건들만 남겨서 정성스럽게 정리된 모습을 보면 기분이 좋아
지는 것은 당연하다. 더군다나 스스로가 만들어낸 공간이라면 뿌
듯함은 말로 표현할 수 없을 것이다.

"물건을 버릴 때, 내가 선택을 하고, 결단을 내리고, 과감히
행동했다는 것에 기특함을 느꼈습니다. 지금 3주째인데 정리
한 곳은 깨끗하게 유지되고 있습니다." ●천사맘마 님

물건을 비우고, 제자리를 만들다 보면 '결정하는 힘'을 느끼게

된다. 정리를 한다는 것은 '나에게 더 이상 이것이 필요하지 않아' '이건 나에게 소중한 물건이야'를 결정하게 되는 것이다. 그러려면 나에 대해서 확신이 필요하고, 용기도 필요하다. 정리 교육에 참석한 한 교육생은 '정리는 ○○○이다'라는 문장의 빈칸을 채우도록 했더니 '정리는 고민하지 않는 것이다'라고 적어 냈다. 고민하지 않으려면 생각을 정리해야 되고, 기준을 정리해야 한다. 결정이나 용기 내는 것도 습관처럼 해본 사람이 더 잘 하는 법! 정리는 '결정 연습'을 하는 좋은 방법이다.

정리는 성공의 기회를 만든다

'청소력'을 전파하고 있는 환경 정비 컨설턴트 마스다 미츠히로는 자신의 저서 《청소력》에서 "더러운 방은 마이너스 자장을 만들어 악운을 불러들이고, 청소는 마이너스 자장을 없애고 운명을 호전시킨다"라고 말했다. 실제로 마스다 미츠히로는 정리와 청소의 힘을 직접 경험하고 전파하여 중소기업의 수많은 성공사례를 만든 사람이다. 또 《스님의 청소법》에서 마스노 순묘 스님은 정리를 하면 운이 좋아지는 것은 당연지사라고 했다.

"몸과 마음이 정돈되면, 사람은 그때까지 깨닫지 못했던 다양한 것들을 깨닫게 됩니다. 마음에 여유가 생겨나고 자신의 본성이 빛나게 됩니다. 그러면 행운의 여신이 눈앞에 나타났을 때 재빨리 운을 잡을 수 있겠지요."

많은 사람이 정리하고 청소하면 운이 좋아진다고 말한다. '어떻게 정리만으로 운명을 바꿀 수 있을까?'라는 의문이 든다면 '작은 성공'이란 개념에 주목해보자.

'작은 성공'은 미국 인지심리학의 대가인 칼 와익 미시건대 경영대학원 교수가 제안한 성공을 위한 하나의 전략이다. 성공을 하기 위해서는 가시적인 성과를 낼 수 있는 작은 단위의 일들로 나눠서 실행하면 된다고 말한다. 여기서 핵심 키워드는 '가시적'이란 단어다. 직접 손으로 만지거나, 남들에게 보이거나, 비교해 볼 수 있는 것처럼 확인 가능한 결과를 만드는 것이다. 그러면 그 다음 작은 성공을 얻기 위한 태도가 저절로 갖춰지게 된다. 책상에 앉아 공부하기 전에 정리나 청소를 하고 싶거나, 정리 후에 기분이 좋아져서 집중이 잘 되는 경험을 해본 적이 있을 것이다. 눈에 보이는 성공은 다른 일에도 전염이 된다.

《부자들의 생각법》의 저자는 사람들은 보통 특별한 이익이 생기지 않는 한 행동이나 생각을 잘 바꾸지 않는데 기존의 상태에 머무르려다가 비싼 대가를 치를 수 있다고 지적한다. 더 좋은 대안을 찾지 않고 원래 하던 대로만 하기 때문이다. 이자율이 높은

은행이 있더라도 은행을 바꾸지 않고, 더 큰 혜택을 얻을 수 있는
데도 통신사를 바꾸지 않고, 읽지도 않는 잡지의 정기 구독을 끊
지 않는다. 더 나은 직장을 찾지 않고 다니던 직장을 계속 다니고,
더 싸고 살기 편한 동네가 있는데도 살던 동네에 계속 사는 것처
럼 말이다. 이를 '현상 유지 편향' 또는 '고집에의 오류'라고 한다.

　저자는 이 오류에 빠지지 않기 위해서 매주 한 가지씩 새로운
것을 시도하는 습관을 가져보라고 조언한다. 예를 들어, 여가 시
간에 새로운 커피숍에 가거나 새로운 음식을 먹어 보거나, 한 번
도 가지 않은 상점에 가는 것이다. 이를 반복하다 보면 인생이 달
라지는 걸 느낄 수 있고, 스스로 변화를 체험한 사람일수록 변화
가 필요한 순간에 유연하게 대처할 수 있다. 정리도 그런 연습이
라고 볼 수 있다.

　내가 좋아하는 말 중에도 '가만히 앉아 있는 사람에게는 아무
일도 일어나지 않는다'라는 말이 있다. 기회는 노력하는 자만이
가질 수 있는 것처럼, 부지런히 움직이는 사람에게만 좋은 일이
생긴다는 뜻이다. 우연인지는 모르겠지만 '운'이라는 단어는 한자
로 '運'(옮길 운)으로 '움직이다'라는 뜻을 가지고 있다. 움직일수록
작은 성공의 경험이 만들어지고, 작은 성공은 다음 성공을 불러
온다.

정리의 나비효과

"한 번에 많은 것을 바꾸려다 한 가지도 못 이뤘던 지난날
을 비춰보면, 매일 조금씩의 발전이 정말 엄청난 발전을 이
뤄냈다는 생각이 듭니다. 앞으로도 거창한 도전을 하기 전
하루에 실천 가능한 분량으로 매일 조금씩 꾸준히 도전하는
습관을 들여볼 생각입니다. 정리는 저에게 많은 자신감을
심어주었고, 인생을 살아가는 자세를 바꾸어 주었습니다."

● 진진아빠 님

진진아빠 님은 '작은 성공'을 경험한 것이다. 작은 성공을 경험
하면 또 다른 작은 성공을 얻기 위한 태도가 저절로 갖춰지게 된
다는 것을 보여준 사례였다.

아이쿠 님도 정리를 통해 삶의 다방면에서 큰 변화를 겪은 사
람 중 한 분이다. 그녀는 정리 후의 변화에 대해 이렇게 정리하고
있다.

첫째, 지저분한 공간들이 있으면, 정리를 어떻게 해야 겠다
는 계획을 세우고 조만간 실천에 옮깁니다. 예전 같으면 막
연하기만 했는데, 어떻게 정리해야 할지 알게 되었습니다. 어
디를 가든지(친척집이나 회사나 기타 장소) 그곳의 공간 정리에 대

하여 생각하고 내가 직접 도움을 주거나, 최소한 조언을 함으로써, 다른 사람에게 보탬이 되는 복덩이(?)가 되었습니다.

둘째, 경제관념이 생겼습니다. 제일 힘들었던 미션 중 하나가 돈이나 통장 등 경제와 관련된 것이었습니다. 돈 관리를 못해서 적자재정으로 너무 힘든 상태로 미션에 참여하고 있었습니다. 그러나 정리를 하면서 내 돈 관리와 씀씀이의 문제점들을 발견하게 되었고, 조금씩 조정을 할 수 있게 되었습니다. 요즘은 사고 싶은 것을 내키는 대로 사는 행동은 안 하고 있습니다. 덕분에 최근 적자액수를 줄이게 되어 너무나 감사하고 있습니다.

셋째, 시간 관리와 쪽 시간 활용으로 시간을 아껴서 효율적으로 사용하게 되었습니다. 흘러가면 절대로 되돌릴 수 없는 시간들을 잘 사용할 수 있도록, 계획을 세워서 시간 낭비를 하지 않게 하고, 쪽 시간에도 집중해서 해야 할 일들을 처리함으로써 인생이 좀 더 알차게 변했습니다. 또한 예전에 비하면, 같은 시간 안에 효율적으로 할 수 있는 회사 업무의 양도 많아졌습니다. 주어진 일을 빨리 완수하고, 남은 시간을 효과적으로 다른 일들이나 나 자신의 개발이나 가족들을 위하여 사용할 수 있게 되었습니다.

넷째, 인맥 관리에 개념이 생겼습니다. 사회생활에서 제일 자신 없는 부분이었습니다. 그러나 미션을 수행하면서, 내 주변의 사람들을 인맥 관리 차원에서 보는 눈이 생기게 되었고, 나에게 중요한 사람들에게는 집중해서 좀 더 잘해주고, 그렇지 않은 사람은 정리하게 되었습니다. 그래서 40년간 고민해온 인간관계 문제로 다시 고민하거나, 인간관계를 맺는 것을 두려워하지 않게 되었습니다.

정리력 카페에서 진행하는 다양한 프로젝트를 두루 실천하셨던 라디오 님도 인생의 다양한 면에서 긍정적인 변화를 만들어냈다. 삶의 의욕이 생기고, 자신감이 생겼다. 계단을 빨리 오르내리게 될 정도로 활기가 넘치는 사람이 되었다.

빛나는유라 님은 "제 의견을 표현하는 것에 적극적이게 되었어요"라는 변화를 경험했다. 정리와 연관성이 보이지는 않지만, 이것 역시 정리로 작은 성공을 경험한 나비효과라는 생각이 든다.

칼 와익 교수는 '작은 성공'은 우리가 예상하지 못한 현실로 데려다 놓는다고 말한다. 동지를 만날 수도 있고, 모르던 자원을 발견할 수도 있으며, 새로운 기회들도 생겨나면서 끊임없는 흐름을 일으킨다는 것이다. 이처럼 정리의 효과가 당신의 인생에서 어떻게 나타나게 될지는 아무도 모를 일이다. 그러나 분명한 것은 정리는 삶을 더 여유롭게, 자유롭게, 행복하게, 부유하게 해준다는 것이다.

정리력 카페 프로젝트 실천 후
라디오 님의 삶의 변화

소비습관 / 공간 정리

- 살 때 충동구매가 줄었다.
- 밤 9시에 알람이 울리면 가계부를 쓰게 됐다.
- 재고파악이 잘 되서 중복으로 사지 않게 되었다.
- 비품을 다 소모할 때까지 기다렸다 사는 버릇이 생겼다.
- 쇼핑목록을 적지 않고 쇼핑한 날 후회하게 되었다.
- 버리는 것이 쉬워졌고, 쓰레기를 자주 버리게 되었다.

시간 정리 / 일 정리

- 우선순위를 정하여 일하게 되었다.
- 휴식과 집중을 반복하는 것이 자연스러워졌다.
- 미루는 습관이 줄었다. 바로바로 정리하는 것의 이득을 체감했다.
- 일처리 속도가 빨라졌다.
- 미리 준비할 것의 범위가 넓어졌다(입을 옷, 기념일, 선물, 휴가, 인맥 챙기기)
- 일을 시작했으면 반드시 끝맺도록 한다.
- 문서업무를 체계화하여 일에 치이지 않게 되었다.

관계 정리

- 가족모임을 개최하는 게 자연스러워졌다.
- 동료에게 피해를 덜 주려는 생각을 하게 되었다.
- 내 삶과 이웃의 삶에 관심이 많아졌다.
- 기부를 하게 되면서 나를 중요한 사람으로 여기게 되었다.

대부분의 사람이 부자가 되는 것만큼 바라는 것은 '자신이 하는 일에서 성공하는 것'이다. 지금보다 부자가 되고 싶은가. 인생에서 성공하고 싶은가. 그렇다면 지금부터 정리를 하자. 정리는 언제든 시작할 수 있으며, 누구나 올바른 정리 방법만 알면 실패하지 않을 수 있다. 그래도 내가 할 수 있을지 걱정이라고? 이 프로젝트에 참여했던 모든 사람이 스스로를 그렇게 의심했었다. 자신을 믿어보라. 이 책의 친절한 안내에 따라 실행하기만 하면 된다.

도전!
정리력 100일
프로젝트

정리 서약서를 작성한다

무엇이든 시작이 중요하다. 정리를 통해 부자가 되기로 결심했다면 정리 서약서를 작성하는 것으로 마음가짐을 다져보자.

'나에게 정리란 무엇인가, 정리를 왜 해야 하는가.'

어떤 일이든 그에 대한 근본적인 목적과 이유를 생각하면 내적 동기를 자극시킬 수 있다. 그동안 정리는 때때로 귀찮고, 하기 싫은 일이었다. 그러나 지금부터는 내가 원하는 것을 얻기 위한 수단과 방법이 되는 것이다. 작은 종이와 펜을 준비하고, 아래 질문에 답을 하면서 '나에게 정리란 무엇인지' 구체적으로 생각해보자.

● 정리를 통해 얻고 싶은 것은?

_____

● 정리를 잘하게 된다면 어떤 변화가 일어날까?

_____

● 계속해서 정리를 하지 않게 되면 어떤일이 발생할까?

_____

● 정리가 필요한 이유는 무엇일까?

_____

마지막으로 위의 답변을 참고해서 마지막으로 한 문장으로 표현해보자.

'나에게 정리란   이다.'

북홀릭 님은 자신이 정리를 잘 하고 싶은 이유와 정리를 못하는 이유에 대해 이렇게 정리했다.

북홀릭의 정리 서약서

정리를 잘 하지 못하는 이유

- 다른 우선순위에 항상 밀린다. (정리하는 시간이 아깝다.)
- 어디 있는지 정확히 모르지만 어디쯤 있는지 알기 때문에 크게 손해 볼 일이 없다고 믿는다.
- 급한 일을 보면 후딱 해치워야 해서 정리하면서 차근차근 하는 차분한 성격이 못 된다.

정리가 필요한 이유

- 정리되어 있지 않으면 전체가 가늠이 안 되어 불필요한 부담감을 준다.
- 급하게 필요할 때 찾지 못하면 손해가 막심하다. 뭐가 있는지 모르고 있는 물건을 또 산다.
- 정리의 달인은 아니더라도 남만큼만 정리해서 정리 때문에 불이익을 당하고 싶지 않다.

나에게 정리란

매일 조금씩 하면 아무것도 아니지만 밀리면 정말 하기 싫은 일이다. 초기에 바로 잡을 수 있는 것을 'Monster'로 키워서 괴로워하지 말자.

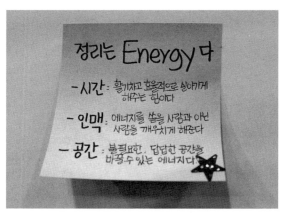

▲ 정리력 카페 회원 중 한 분은 "정리는 Energy다"라는 문장을 만들어 올려주셨다.

100일의 시간 동안 앞서 적은 문장을 꼭 머릿속에 새겨두자. 지금 이 순간부터 삶에서 특별한 프로젝트에 참여하고 있다는 사실을 항상 잊지 말아야 할 것이다.

보상계획을 세운다

서약서 작성에서 가장 중요한 것은 보상 계획을 세우는 것이다. 10일, 20일처럼 날짜를 정해 세부적으로 나누는 것이 좋다. 보상은 습관처럼 반복행동을 하는 데 매우 중요한 역할을 한다. "스스로 칭찬하기" "나날이 발전하는 정리력이 보상"이라고 보상

계획을 세우는 분들이 있는데, 보상은 보상다워야 효과가 있는 법이다. 성취의 기쁨을 누릴수록 실천력과 의지력은 강화된다. 정리력 프로젝트에 참여한 참가자 중에는 자신이 정말 해낼 줄은 몰랐다며 보상 내용을 구체적으로 작성하지 않아 아쉬워하시는 분들이 많았다.

귀염뚱이 님은 보상계획에 "5일 성공시 아이들과 치킨 파티를 한다, 10일 성공시 마음에 드는 티셔츠를 산다, 20일 성공시 운동화를 산다, 40일 성공시 운동복을 선물한다"처럼 평소에 가지고 싶었던 것들을 보상하겠다는 계획을 세웠다. 똘똘맘 님은 매일 미션에 성공하면 1만원씩 적립하여 100일 성공 후에 100만 원을 보

▲ 바커스 님의 '정리 서약서' 미션 일지 중에서

상으로 받겠다는 계획을 세웠다. 정리하면 돈을 아낄 수 있고, 아낀 돈으로 목돈을 만들 수 있다는 것을 직접 체험했을 것이다.

심리학자들에 의하면 다른 사람들에게 자신의 약속을 밝히면 성공 가능성이 10배나 높아진다고 한다. 정리 서약서를 작성했다면 다른 사람들에게 정리력 프로젝트에 도전한다는 사실을 알리자. SNS에 서약서를 올리는 것도 좋은 방법이다. 많은 사람에게 자신의 도전을 밝히고 응원을 받는다면 정리력 프로젝트의 성공으로 한 걸음 다가가게 될 것이다.

인생의 특별한 시간, 정리 프로젝트를 시작하기 전에 정리 실천계획과 보상계획을 구체적으로 작성해 보세요.

1. 프로젝트 기간

_____

2. 실천 방법(정리하기 가장 좋은 시간대나 요일은 언제인가요?)

_____

3. 보상계획(구체적이고 실질적으로 작성하세요)

_____

4. 각오

_____

5. 다른 사람의 응원 받기(누구에게, 어떻게 알릴 건가요?)

_____

정리 일기를 작성한다

전문성을 30여 년 넘게 연구해온, '전문성에 관한 전문가'라고 할 수 있는 에릭슨 교수는 전문성을 발달시키기 위해서는 '사려 깊은 훈련Deliberate Practice'이 필요하다고 말했다. 사려 깊은 훈련이란 자신이 잘하지 못하는 것 혹은 전혀 하지 못하는 것을 하기 위한 구체적이며 지속적인 노력을 말한다. 축구계의 영원한 레전드 박지성 선수가 어린 시절에 쓴 일기를 보면 아주 어렸을 때부터 사려 깊은 훈련을 하고 있었음을 알 수 있다. 매일 하루 일과가 빼곡히 적혀 있었고, 패스 궤적을 그려놓는 등 훈련한 내용을 그림으로 표현하기도 했다.

정리를 못하는 이유는 다양하고, 각자에게 맞는 정리 스타일이 있기 마련이다. 자신의 문제점을 개선하고, 자기만의 질서를 찾기 위해서는 '사려 깊은 훈련'처럼 '사려 깊은 기록'이 필요하다. 그래서 나는 정리력 100일 프로젝트에 참여하는 사람들에게 미션 일지를 작성하게 한다. 미션 일지에는 매일의 '쇼핑한 것', '버린 것' 그리고 '미션 소감'이 들어가야 한다. 미션 소감은 그날의 정리를 인증하는 역할도 있지만, 아래 질문에 대한 답을 발견하게 하기 위해서다.

● 정리 스킬을 점점 개발할 수 있는 방법은 없을까?

- 현재의 소비습관을 개선할 방법은 없을까?
- 미루지 않고 정리할 방법은 없을까?
- 나에게 맞는 정리 방법은 없을까?
- 내가 다음에 더 편하게 사용하려면 어떻게 정리하면 좋을까?

　정리하면서 마주하게 되는 물건, 일, 주변 사람들을 생각하면 자연스럽게 나를 알 수 있는 계기가 된다.

- 나는 어떤 사람일까?
- 나는 어떤 과거를 지나 현재에 이르렀는가?
- 내가 소중하게 생각하는 것은 무엇일까?
- 내가 정말 싫어하는 것은 무엇일까?

　하지만 정리할 때는 '어떻게 정리하겠다' 등의 많은 생각을 하는 것은 바람직하지 않다. 그런 생각은 정리하는 데 방해가 된다. 정리하면서 들었던 생각이나 느낌을 기억했다가 일기처럼 기록하는 게 좋다.
　정리력 프로젝트에 참여했던 분들 중에 '사려 깊은 기록'을 잘하셨던 분들이 있다. 이런 분들은 다른 사람에게도 영감을 준다. 가장 기억에 남는 분은 홍정구 님이다. 홍정구 님의 미션 일지는 늘 댓글이 많이 달릴 정도로 인기가 많았다. 가장 기억에 남는 미션 일지는 인맥 정리에 해당하는 "소중한 관계를 위한 원칙"이라는 미션이었다. 그녀는 "상대가 만나기를 원할 때에는 최대한 빠른 시일 내에 만나겠다"라는 원칙을 정했다. 그리고 미션 일지에 그런 원칙을 정한 이유에 대해 고백했다.

"고백하자면 저는 관계를 잘 맺지 못하는 편입니다. 어린 시절, 놀이를 통해 관계 형성하는 법을 배워야 할 때 저는 그런 시간을 갖지 못했습니다. 그러다 보니 책을 읽다가 너무 슬퍼서 울고 싶으면 동무를 찾지 못하고 집 뒤편의 나무를 붙들고 울었습니다. 어른이 되어서도 대승폭포 앞에서 코피를 흘릴 때도, 공룡능선 위에서 발목이 삐었을 때도 남들에게 도움을 청하지 못했습니다. (중략)

그런데 6년쯤 전 저에게 무슨 일이 있었습니다. 저와 대단히 가깝지도 않고, 수십 년을 알고 지내 온 것도 아닌 어떤 사회 저명인사가 전화해서 차를 한잔하자는 것이었지요. 지금은 좀 바쁘니 다음에 보자고 대답을 해 놓고 전화하지 않았습니다. 그리고 일주일 후에 다시 전화가 왔습니다. 보고 싶다고, 차 한 잔 마시자고. 저는 속으로는 우리가 일부러 시간 내서 차를 마실 정도의 관계도 아닌데 의아하게 생각했습니다. 며칠 후 해외를 가니 귀국해서 연락하겠다고 대답했습니다.

40일 쯤 후, 귀국하는 비행기에서 제공받은 신문에서 그의 사진을 보았습니다. 공연이 있다더니 홍보기사인가 했지요. 알고 보니 그것은 그의 부음이었습니다. 제게 전화할 때 그는 이미 죽어가고 있었던 것입니다. 이유가 무엇이든 그는 죽음이 아주 가까이 와 있을 때 나를 떠올렸고, 두 번이나 간절한 목소리로 만나자고 청했지만, 저는 형식적인 대답을 한 것이지요. 그 뒤로 비슷한 일을 한 번 더 겪었습니다. 두 번의 안타까운 경험을 한 후로 누군가 나를 꼭 만나고 싶어 한다면 최대한 빨리 날을 잡아 보기로 했습니다."

나도 홍정구 님의 미션 일지를 연재 소설처럼 챙겨보던 사람 중 한 사람이었는데, 글을 잘 쓰셨던 이유도 있지만, 삶에 대한 진정성이 느껴졌기 때문이었다. 그녀는 미션 일지에 많은 공을 들이는 이유에 대해 이렇게 말했다.

"10년 이상 글 쓰는 일을 직업으로 삼고, 몇 권의 책을 내기도 했습니다. 그런데 3~4년 전부터 제가 쓴 글이 무미건조하고, 깊이가 없다는 생각이 들기 시작하면서 글을 쓰기가 겁이 났습니다. 그런 글을 인쇄하는 것은 공해라는 생각마저 들더군요. 그래서 열심히 하던 블로그까지 접게 되었습니다. 그런데 정리력 100일 페스티벌에 참여하고 미션 일지를 쓰면서는 그런 마음들이 조금씩 사라지기 시작했어요. 스스로 치료되는 느낌이랄까요."

정리하기 위해 들추어지는 삶의 작은 편린들을 바라보며, 나의 이야기를 하고, 생각을 정리하는 것은 스스로를 치유할 수 있는 힘을 주는 것 같다.

곡천 님도 미션 일지를 정성스럽게 쓰셨던 분 중 한 분이다. 곡천 님의 "책 정리하기 미션"의 미션 일지를 소개한다.

그녀는 늘 미션 말미에 새롭게 알게 된 것에 대해 썼는데, '아침에 일어나 이불 개기'처럼 간단한 미션에도 새롭게 알게 된 점이 5~6가지는 되었다. 곡천 님이 쓴 느낀 점들을 읽고 있으면 마치 내가 느낀 것처럼 공감이 많이 된다.

정리정돈을 하면 내 주변의 물건들을 관찰하게 되기 때문에 내가 좋아하는 것과 나에게 필요한 것, 반대로 내가 좋아하지 않는 것과 나에게 불필요한 것을 알게 된다. 물건을 사고 집이나 자신을 꾸미는 데는 자기 자신을 아는 것이 중요하다. 그래야 불필요한 것을 사서 낭비하는 일이 줄어든다. 군더더기 없고 낭비 없는 삶을 살게 된다면 내가 원하는 삶에 더 집중하게 될 것이다.

곡천 님의 24일,
책 정리하기 미션

정리 가이드

- 1단계 : 상자나 쇼핑백 봉투를 준비하세요.
- 2단계 : 15~30분 동안 정리할 수 있는 범위 내에 책을 모두 꺼냅니다.
- 3단계 : 버릴 책, 중고 판매할 책, 기증할 책으로 다시 분류합니다.
- 4단계 : 중고 책 판매 일정을 잡고, 버릴 책은 폐품으로 분리수거합니다.

정리 원칙

- 책을 모두 꺼내서 정리한다.
- 누구의 책인지를 구분하여 정리한다.
- 책의 크기를 맞춰서 정리한다.
- 같은 유형의 책끼리 정리한다.

새롭게 알게 된 점

- 같은 책을 2권 가지고 있던 책이 몇 권 있다는 점
- 분명히 읽은 책인데 전혀 기억이 없다는 점
- 책에 대한 욕심이 많다는 점
- 책 속에 먼지가 많다는 점
- 책 정리할 엄두가 나지 않았는데 25분 동안 9칸을 정리하니 기뻤다는 점
- 다음에 또 정리할 수 있다는 자신감이 생긴 점
- 못 읽은 책이 읽고 싶다는 욕구가 생긴 점

✏ Action Plan

노트나 SNS(블로그, 페이스북, 카카오스토리 등)를 활용하여
날마다 정리 일지를 작성해 보세요.
정리력 카페(http://cafe.naver.com/2010ceo)에 가입해서
카페 회원들과 함께 참여할 수도 있습니다.

2부

차곡차곡 부자가
되는 정리법

합리적인
소비습관을 만드는
비우기

비우는 것에 대한 기회비용

앞서 정리되지 않은 공간의 기회비용을 따져봤으니, 이번에는 물건을 포기하지 못하는 것에 대한 기회비용도 한번 따져 봐야 하지 않을까? 대부분 사람들이 물건을 버리지 못하는 이유는 물건을 버렸을 때 기회비용이 더 크다고 판단하기 때문일 것이다. 정말 그런지에 대해 한번 생각해보자.

소유효과로 인한 착각

혹시 '100퍼센트 환불 보장'이라는 문구나 '14일 동안 체험해보세요'라는 말에 이끌려 제품이나 서비스를 구매한 적이 있는가? 소비자를 위한 혜택처럼 보이지만 '소유효과'를 노린 상술이다. '소유효과'란 어떤 물건이든 자신이 갖게 되면 그 물건에 대한가치를 높이 평가하는 현상을 말한다. 일단 자신의 것이 되면 특별한 경우가 아닌 이상 좀처럼 환불을 하지 않는 것이다.

정리 교육에서 자주 하는 액티비티가 있다. 가방에 있는 소지품을 꺼내서 물건의 가격을 매겨보는 것이다. 소지품의 주인은늘 다른 교육생들보다 비싼 가격을 이야기한다. 물건에 대한 애착이 그 물건의 가치를 높이 평가하게 하기 때문이다.

정리 컨설턴트가 보기에는 안 쓰는 물건, 필요 없는 물건인데감정적으로 버리지 못하는 고객들이 많다. 물건이란 쓰일 때 비로소 가치가 있는 것인데 단지 그것을 가졌다는 이유만으로도'소유효과'가 발생했기 때문이다.

신상품이든 중고품이든 필요하지 않은 물건을 성급하게 구매했다가 아까워서 팔지도 못하고, 그렇다고 잘 쓰지도 못하는 경우가 많다. 그러나 물건은 시간이 지날수록 가치가 떨어지는 것이 현실이다. 괜찮은 물건이라면 빨리 처분해야 중고시장에서 좋은 가격을 받을 수 있다. 정말 나에게 가치가 있는 물건인지 따져봐야 할 필요가 있다.

자신이 가진 물건 중 잘 쓰지도 못하고, 그렇다고
아까워서 버리거나 팔지도 못하는 게 무엇인지 찾아보세요.

매몰비용의 오류

전 직장 동료였던 B양을 만나 차 한 잔을 하기 위해 커피숍에
갔다. 나는 따뜻한 아메리카노를, B양은 탄산수를 주문했다. '탄
산수가 맛있느냐'고 물으니, 집에 탄산수 정수기가 있을 정도로
탄산수를 좋아한다고 했다. 그런데 곧 표정이 어두워지더니 잘
산 건지 모르겠다며 한숨을 쉬는 것이었다. 무슨 일인지 자세히
얘기를 들어보았다.

몇 년 전부터 탄산수를 즐겨 마시게 된 그녀는 탄산수 정수기
광고를 보고, '저걸 사는 게 돈을 아낄 수 있는 길이 아닐까' 하는
생각이 들었다. 정수기까지 쓸 수 있으니, 일석이조라는 생각으로
구매한 것이다. 처음에는 탄산수를 물처럼 마실 수 있어서 매우
만족하면서 사용했는데, 그게 곧 문제가 되었다. 탄산수만 마시다
보니 탄산 실린더가 한 달 만에 바닥이 났기 때문이다. 4만 원이
넘는 렌탈비를 내고 있었는데, 탄산 실린더까지 사려면 매달 6만

원의 돈이 드는 셈이었다. 결국 6개월 만에 취소를 결정했다.

그런데 정수기를 렌탈하면서 약정을 했기 때문에, 취소를 하려면 위약금을 내야 했다. 고객센터로부터 안내받은 금액은 44만 원. 위약금 30만 원, 면제되었던 설치비용 10만 원, 이번 달 사용료까지 합친 금액이었다. 만약 취소를 한다면 지금까지 낸 렌탈료까지 합쳤을 때 6개월간 70만 원이란 돈을 내고 탄산수를 마신 셈이 되는 것이었다. 그녀는 결국 취소를 철회했다. 지금은 탄산 실린더를 구매하지 않고, 정수기 물을 열심히 먹기로 한 상태이다.

나는 그녀의 결론이 합리적인 결정이었는지에 대해 의심을 품게 되었다. 사람들은 자신의 잘못을 인정하는 것을 싫어하고, 지금까지 기다린 시간은 손실로 남기 때문에 자신의 선택을 철회하거나 번복하지 않고, 고수하게 된다. 그래서 많은 사람들이 집에 있는 물건을 쓰지도 못하고, 처분하지도 못하는 것이다. 행동심리학에서는 이런 행동을 '매몰비용의 오류'라고 한다. 정류장에서 40분이나 기다렸는데 버스가 오지 않을 때, 여태껏 기다린 시간이 아까워 하염없이 버스를 기다리는 것이다.

나는 그녀에게 정수기가 없었을 때는 물을 끓여 마시거나 생수를 사 마시는 것이 많이 불편했는지 물었다. 번거로움은 있었지만 불편하다고 느낀 적은 없다고 했다. 그렇다면 생각지도 않던 정수기를 4만 원이나 내고 쓰게 된 것인데, 앞으로 남은 약정기간

2년 6개월을 더 써야 한다면 120만 원의 돈을 더 지불해야 하는 것이다. 나는 120만 원의 돈을 내느니 44만 원을 내고 끝내는 것이 더 현명한 것임을 알려주었다.

그녀는 그 사실을 깨닫고, 위약금을 내고 정수기를 취소하기로 결정했다. 실수를 깨달았다면 지금까지 얼마나 많은 돈, 시간, 노력이 들었든 당장 그만두는 것이 맞다. 위약금 44만 원을 아까워하면, 지킬 수 있는 돈마저 날려버리게 된다. 망설이는 시간이 길어지면 길어질수록 더 많은 돈을 잃는 것은 물론, 만회할 기회마저 날아가버린다는 사실을 명심해야 한다. 그녀는 위약금을 수업료 삼아 이제는 섣불리 물건을 사지 않을 것이라 다짐했을 것이다.

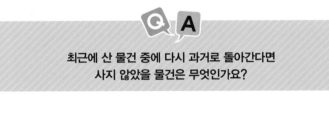

최근에 산 물건 중에 다시 과거로 돌아간다면
사지 않았을 물건은 무엇인가요?

후회에 대한 망상

'섣불리 버렸다가 나중에 필요하면 어쩌지?'라는 생각으로 갖고 있는 물건들이 꽤나 많을 것이다. 여분의 단추, 알 수 없는 전선, 한 번도 본 적 없는 가전제품 매뉴얼, 쓰지 않는 미용기구나 가전제품 등이다.

"버렸다가 후회하면 어떻게 해요?"

정리 컨설팅 고객님들이 많이 하는 말인데, 정리 컨설턴트가 보기에는 필요할 일이 영영 없을 것 같은데도, 사람들은 나중에 버린 것을 후회할까 봐 그냥 두는 것을 선택한다.

이것은 '현상유지 편향(고집에의 오류)'으로 인해 나타나는 것인데, 쉽게 말해 '그냥 하던 대로 할래' '원래 있던 대로 내버려둬'라는 태도이다. 이런 태도는 두 가지 심리로 인해 나타난다. 사람들은 이익보다는 손실로 인해 받는 심리적 고통을 두 배 더 크게 느낀다. 지금은 필요 없지만 나중에 그 물건이 필요했을 때 버린 물건을 엄청난 손실로 생각하는 것이다.

또한 사람들은 가만히 있을 때보다 능동적인 선택을 한 것에 대해 더 많은 후회를 한다. 예를 들어, 날마다 같은 길로 출근하다가 너무 익숙해서 방심한 사이 사고가 난 것과, 날마다 같은 길로 다니다가 새로운 길을 선택했는데 사고가 난 것 중 후자를 더 속상해한다는 것이다. 아무것도 하지 않은 것도 행동으로 봐야 하는데 말이다. 그렇기 때문에 자신이 해버린 행동에 대한 후회가 두려워 그냥 두는 것을 택하게 되는 것이다.

그러나 '이가 없으면 잇몸'이라고 하지 않던가. 어차피 물건이라는 것은 일과 활동을 위해 도움을 주는 수단일 뿐이지 그것 자체가 목적은 아니다. 지금까지 살면서 크고 작은 많은 문제들을 잘 해결해 왔다면, 해결할 수 있는 방법을 찾을 수 있다. 알 수 없는 케이블선은 문구점에서 언제든지 다시 구할 수 있고, 매뉴얼은 가전제품 홈페이지에 들어가면 다운받을 수 있다. 여분의 단추는 세탁소나 수선집에 요청하면 된다. 단추가 떨어졌을 때는 이미 옷이 헤져 있을 경우가 많고, 수선집에서 똑같은 단추가 없더라도 전체 단추를 싹 다 바꾸면 된다.

지금 쓰지 않는 물건은 미래에도 쓰지 않을 확률이 90% 이상이라고 확신하지만, 그래도 나중에 필요했을 때의 후회가 두렵다면 너무 걱정할 필요는 없다. 왜냐하면 사람들은 단기간에는 자신이 한 행동을 후회하지만, 시간이 흐르면 흐를수록 자신이 한 행동보다는 하지 않은 행동을 더 오래 기억하기 때문이다. 어쩌면 그 물건이 있었다는 사실조차 기억하지 못할 수도 있다.

해결 가능한 문제이나 순간의 후회가 두려워 현재의 여유, 쾌적함, 편리함을 포기하는 것은 어리석은 일이다.

지금까지 살면서 버린 물건으로 인해서
심각한 낭패를 봤던 경험을 떠올려보세요.

비우기를 미루게 만드는 것

지금까지 살펴봤듯이, 사람들은 생각보다 물건을 버리는 것에 대한 기회비용을 크게 생각한다. 하지만 이러한 사실이 알았더라도 버려야 할 물건을 미루게 될 때가 있다. 대부분의 사람은 쇼핑은 시간을 내어서라도 하는 반면, 버리기에는 별다른 신경을 쓰지 않기 때문이다. 비우기를 미루는 원인들에 대해 알아보자.

게으름과 미루는 습관

다 쓴 물건은 발견 즉시 버려야 한다. 나중에 버리겠다고 생각하면 귀찮아서 계속 미루거나, 아예 버리는 것을 잊어버리게 된다. 여니주노맘 님은 매일 버리기 프로젝트를 실천하다가 욕실에서 다 쓴 샴푸 통을 여러 개 버리면서 자신의 게으름을 반성했다. 학교 선생님인 두다지 님도 다 쓴 마커들을 버리며, 그동안 잘 안

나오는 것을 집을 때마다 짜증이 났는데 왜 안 버렸나 모르겠다고 말했다.

고장 난 물건도 고치겠다는 생각만 하고 방치될 가능성이 높다. 정리력 100일 페스티벌 미션 중 '고장 난 물건 고치기'라는 미션이 있는데, 다들 미션을 수행하고 나서 '속이 다 시원하다'는 반응이었다. 어떤 사람은 바로 직접 고치기도 하고, 어떤 사람은 AS 센터에 전화해서 방문일정을 잡았다. 오래된 제품이라 부품이 없어서 못 고친다는 답을 듣고서야 마음 편히 버린 사람도 있었다.

> ✏️ **Action Plan**
>
> 집에 고장 난 물건이 있다면 지금 바로 수리계획을 세우고 실행하세요.

버리는 방법을 모르는 것

버리려고 마음먹어도 버리는 곳이나 버리는 방법을 몰라서 '다음에 버려야지. 나중에 버려야지'하고 둘 때도 있다. 방법은 다음과 같이 쉽다.

버리는 곳을 모를 때

우리가 잘 알고 있는 종이, 캔·고철, 유리병, 플라스틱, 비닐류는 지역마다 분리배출할 수 있는 곳이 있다. 환경오염이 염려되어 집에서 쓰려고 모으는 비닐류도 재생 제품, 연료, 유류로 재활용되고 있으니 올바르게 배출하기만 하면 된다.

버리는 방법을 모를 때

어떻게 버려야 할지 애매한 물건들이 있다. 예를 들어, 이불이나 도자기 등이다.

이런 류의 쓰레기들은 알맞은 규격과 용도의 종량제 쓰레기 봉투를 구입해서 버리면 된다. 얇은 이불은 옷 수거함에 넣어도 되지만 솜이불은 옷 수거함에 넣으면 안 된다. 솜이불은 일반 쓰레기(가연성 쓰레기) 종량제 봉투에 넣어서 버려야 한다. 도자기나 화분, 건축자재는 특수 종량제 봉투나 불연성 종량제 봉투에 넣어서 버리면 된다.

카페트나 소형 가전처럼 종량제 봉투에 넣을 수 없는 부피가 크거나 무거운 쓰레기의 경우는 어떻게 버려야 할까? 주민센터나 구청에서 수수료를 납부하고 대형폐기물 배출신고필증 스티커를 부착하여 배출해야 한다. 요즘은 주민센터 홈페이지에서 접수하여 수수료도 즉시 결재할 수 있고, 신고필증도 프린트할 수 있어 편리하다.

유통기한을 모르는 것

냉장고에 있는 음식 중에 먹어야 되는지 버려야 되는지 잘 몰라서 일단 놔두는 경우가 많다. 음식물은 시간이 지나면 지날수록 맛이 떨어지고, 상하기 때문에 당장 먹는 것이 가장 안전하고 맛있게 먹는 것이다. 그런데도 먹기가 찝찝하면 즉시 버려야 한다. 지금도 먹지 않는 음식을 앞으로 먹고 싶어질리 만무하다. '먹기가 좀 그렇다'에서 '안 먹겠다'로 결단을 내리면 그만이다.

Tip

유통기한 정보는 제조일이나 구입일을 알아야만 활용할 수 있는 정보예요. 유통기한이 없는 식재료나 조리한 반찬은 반드시 구입일이나 제조일을 표시하는 것이 도움이 됩니다.

환경보호, 근검절약의 강박

환경보호, 근검절약을 해야 된다는 생각으로 버리기를 미루는 경우도 있다. 그러나 환경보호나 근검절약을 위해 물건을 사지 않은 적이 있는가를 돌이켜보면, 그런 적은 없다는 것을 알게 될 것이다. 물건을 많이 버려본 경험이 있는 사람은 살 때 한 번 더 고민하게 되는 법이다. 안 쓰는 물건은 그냥 두기보다 사람들에게 주거나, 기증하거나, 중고판매를 하는 것이 더 환경을 보호하고, 근검절약을 하는 길이 아닐까?

물건을 비우는 기준

정리를 못하는 사람들은 어떤 물건들을 비워야 할지 결정하는 것이 쉽지가 않다. 다음과 같이 '필요, 시간, 기분, 가치, 공간'이라는 다섯 가지 기준으로 판단해보자.

필요 : 현재 하는 일과 연관되었는가

우리가 물건을 소유하는 이유는 어떤 일을 하기 위해서이다. 그 물건이 현재 내가 하고 있는 어떤 일과 연결되는지를 생각해야 한다.

과거의 물건

이 기준으로 비울 수 있는 것은 특정 기간을 회상할 수 있는 과거의 물건들이다. 대표적인 것이 과거 명함인데, 회사나 직급, 연락처가 변경된 명함은 사용할 수가 없기 때문에 가지고 있어도 아무 쓸 데가 없다. 개고양이 님은 직급이 바뀌어서 사용하지 않는 명함을 버리면서, 쓰지도 못하는 것을 왜 통째로 보관하고 있었는지 모르겠다고 했다. 박제인 님도 2년 전 패스트푸드점에서 일했던 급여명세서 한 뭉치를 버렸다. 그때 일한 경험이 소중해서 모아 놓았는데, 종이는 종이일 뿐, 종이를 버린다고 추억까지 버려지는 것은 아님을 깨닫게 된 것이다.

전단지, 빵끈, 쇼핑백, 비닐봉지, 택배박스 같은 물건들은 무심코 모으게 되는 물건들이다. 사람들은 '언젠가 쓸 때가 있겠지'라는 생각으로 버리지 않으면서, 언제·어디서·어떻게·얼마나 쓰일지에 대해서는 무관심하다.

배달음식 전단지는 모아봤자 검증된 단골집에서 먹어야 후회가 없다는 것이 경험을 통해 얻은 결론이다. 쇼핑백, 택배박스, 비닐봉지는 생기는 양에 비해 쓸 데가 거의 없다. 내 아내는 유명브랜드의 쇼핑백은 버리지를 못하는데, 그런 쇼핑백은 튼튼하고 모양도 예쁘기 때문에 가방 대신 사용할 만하다. 그런 쇼핑백만 크기별로 몇 개만 남기면 된다. 비닐봉지는 상시 준비되어 있어야 하는 양을 가늠하여 통에 보관하고, 그 이상 늘어나는 것들은 분리 배출하는 것이 좋은 방법이다.

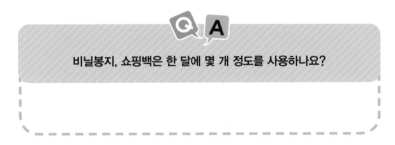

비닐봉지, 쇼핑백은 한 달에 몇 개 정도를 사용하나요?

시간 : 사용하기 위한 시간을 낼 수 있는가

두 번째 기준은 '시간'이다. 물건은 어떤 일을 하기 위해 필요한 도구이다. 그렇기 때문에 물건을 사용하려면 일을 해야 되고, 그 일을 하기 위해서는 절대적인 시간이 필요하다. 장식품이라도 그 것을 감상하는 시간이 있어야 하는 것이다. 오랫동안 방치된 물 건은 어쩌면 물건을 쓸 시간이 없다는 것을 의미하는 것일 수도 있다. 내가 언제 쓸 수 있는지, 사용이 가능한지 객관적으로 생각 해보자.

전자제품 중에 대표적인 것이 주방기구다. 예를 들어 아침식사 대용으로 주스를 마시기 위해 주서기를 구입했다고 치자. 그러나 생각했던 것만큼 자주 쓰지는 않게 된다. 아침에 출근 준비를 하 는 것만으로도 시간이 빠듯하고, 주스를 마시기 위해 일찍 일어 나는 것도 쉽지 않기 때문이다.

아침이 바쁘다면 저녁시간이라도 사용하면 되는데 그것도 쉽 지 않다. 재료를 사는 시간, 씻고 다듬는 시간이 만만치 않기 때문 이다. 사용한 뒤에는 음식물 찌꺼기를 버리고, 부품들을 분리해 서 구석구석 씻는 것도 일이다.

그래서 쓰지 않는 주서기가 고객들 집마다 하나씩 있다. 비싸 게 주고 산 거라 버리기도 쉽지 않고, 부피는 커서 적지 않은 공 간을 차지한다. 이런 경우 정리 컨설턴트들은 아예 눈에 잘 띄고, 사용하기 편리한 곳에 놔드린다. 그래야 한 번 더 보게 되고, 사용 하게 되기 때문이다. 그럼에도 불구하고 쓰지 않으면 그제야 처 분할 결심을 하게 된다.

운동기구도 안 쓰고 방치되는 경우가 많다. 하루 30분이라도 운동하는 시간을 확보해야 하는데, 집이라는 공간의 특성상 운동보다 집안 일이 먼저고, 힘들게 운동하기보다 쉬고 싶은 마음이 더 크기 때문이다. 헬스장에 다니는 것이 훨씬 더 효과적으로 운동시간을 확보하는 방법일 수 있다.

그 밖에 사용하지 않으면서 버리지 못하고 수집만 하는 것들이 있다. 액세서리나 스카프, 샘플 화장품 같은 것들이다. 평소 액세서리나 스카프를 잘 안 하는 사람이라면 많이 가지고 있을 필요가 없다. 가장 좋아하는 몇 가지만 남기고 과감히 처분하자. 샘플 화장품도 여행 갈 때 사용하려고 모으는 사람이 있는데, 1년에 몇 번이나 여행을 가는지 생각해본다면 평소에 사용하는 것이 훨씬 이득이라는 것을 깨닫게 될 것이다. 여행 계획이 세워질 때 준비해도 늦지 않다. 너무 오래 뒀던 샘플은 변질돼 피부에 좋지도 않다.

기분 : 즐거움, 설렘을 주는 물건인가

필요하지 않은 물건이라도 나에게 좋은 기분을 준다면 이런 물건은 고민하지 말고 남겨야 한다. 그런데 우리 주변에는 쓸모도 없으면서, 아무런 느낌도 주지 못하는 잡동사니와 같은 물건들이 많이 있다.

대표적인 것이 선물, 기념품, 장식품, 옛날 사진과 같은 추억의 물건들이다. 그런 물건들은 물건 자체보다는 그 물건을 준 사람,

그 물건을 산 곳, 그 물건을 사게 된 이유 들 때문에 버리지 못하고 방치된다. 사용하기 불편한 물건도 여기에 해당된다. 예쁜 옷이지만 불편하거나 느낌이 좋지 않은 옷은 손이 잘 가지 않기 마련이다.

정리 컨설턴트 곤도 마리에는 물건을 만져보고 '설렘'이라는 기준으로 남길 물건과 버릴 물건을 판단하라고 한다. '설렘'이라는 것은 감정적인 기준이므로 빠르게 판단할 수 있는 것이다. 물건에 감정을 느낀다는 것이 익숙하지 않으면 '3초 정리법'을 적용해볼 수 있다. 물건을 만지면서 3초 안에 버릴지 말지를 결정하는 것이다.

결정하지 못했다면 그 물건은 나에게 어떤 느낌도 주지 못하는 잡동사니일 가능성이 높다. 감정은 오래 생각한다고 느껴지는 것이 아니다. 좀 더 고민하고 싶은 물건이라면 더욱더 빠른 결단을 내야 한다. 생각은 하면 할수록 버릴 수 없는 더 많은 이유를 만들어내게 되어 있다.

가치 : 나의 가치를 떨어뜨리지 않는 물건인가

주방 정리 컨설팅을 하다 보면 사은품으로 받은 밀폐용기나 배달음식을 담았던 일회용 용기 등을 버리지 않고 쌓아놓는 고객들이 적지 않다. 상부장에는 글라스락 밀폐용기 세트가 있으면서도, 이런 용기를 버리지 못하고 재활용하는 모습을 보면 안타깝다. 또 손님들을 대접할 때 쓴다고 상부장 꼭대기에 예쁜 그릇들을 고이 모셔놓고 있는 경우가 있는데, 소중한 우리 가족은 이가 나간 그릇을 쓰고 있는 것은 아이러니한 상황이 아닐 수 없다. 손님 접대를 치를 일은 1년에 한 번 있을까 말까 한데 말이다.

《돈과 행운을 부르는 정리의 비밀》에서는 비우기를 위한 두 가지 기준을 제시한다. "이상적인 미래의 나도 이것을 쓰고 있을 것이다" "이상적인 나로 변신하는 데 필요하다", 이 두 가지 기준을 상상하면서 버릴 것인지 말 것인지를 판단하라는 것이다. 물건은 사용하는 사람을 대변해준다고 한다. 질 좋은 물건은 써 버릇해야 한다. 내가 나를 가치 있게 생각해야 성공과 행운이 따르는 법이다.

공간 : 보관할 공간이 있는 물건인가

가정 컨설팅을 하러 가면 가장 활용도가 떨어지는 곳이 베란다 창고이다. 잘 활용하면 선풍기 같은 계절용품이나 교자상처럼 자주 꺼낼 일이 없는 물건들을 넣어두기 좋다. 하지만 대부분 이사 가기 전까지 꺼낼 일이 없을 것 같은 물건들이 보관되어 있고, 선풍기와 교자상은 집 안을 방황한다.

둘 곳이 없다고 아무 데나 놓지 말고, 불필요한 물건들을 과감히 처분하자. 굴러온 돌이 박힌 돌을 뽑아내듯, 집에서도 선입선출이 이루어져야 하는 것이다.

비우는 두 가지 방법

매일 버리기

이제 본격적으로 정리를 시작해보자. 우선 정리를 부담 없이 시작할 수 있는 방법이 있다. 매일 물건을 한 개 이상 버리는 것이다. 정리력 카페에는 '매일 버리기'라는 게시판 메뉴가 있다. 회원들은 이 프로젝트에 참여하면서 매일 물건을 버리고 인증샷과 그 물건에 대한 생각을 남긴다.

> "1년 전인가, 비오는 날 급하게 사서 신은 젤리슈즈인데,
> 바닥이 너무 물컹해서 이 신발을 신은 날은 허리가 아팠다.
> 비오는 날에는 유용했지만 건강에는 나빴던 젤리슈즈! 이제
> 그만 안녕~"

해피쿠키 님은 매일 버리기 프로젝트에 가장 적극적으로 참여하신 분이었다. 2013년 1월 31일부터 2015년 3월 10일까지 꾸준히 매일 버리기 프로젝트를 진행했는데, 2013년에는 약 120개, 2014년에는 약 200개, 2년 동안 총 320여 개의 물건을 버렸다. 300개 이상의 물건을 버리고 난 뒤 해피쿠키 님의 집은 어떻게 되었을까?

놀랍게도 크게 달라지지 않았다고 했다. '베버-페히너의 법칙'

에 의하면 방 안에 촛불이 5개가 켜져 있을 때 1개를 더 켜면 밝기의 차이를 느낄 수 있지만, 100개가 켜져 있을 때 1개를 더 켜면 차이를 느끼지 못한다고 한다. 감각으로 구별할 수 있는 한계는 물리적 양 대신 비율 관계에 따라 결정되는 것이다. 그러니까 날마다 1개씩 정리하는 걸로는 집이 정리되었다고 느껴지지 않는 것이 당연하다. 그런데도 내가 '매일 버리기' 프로젝트를 추천하는 이유는 집 안 정리를 위한 것뿐만이 아니다. 진짜 이유가 있다.

우선 비우는 것을 '습관화'하기 위해서다. 여러 번 말했듯이 사람들은 물건을 버리는 것에는 익숙하지 않다. 매일 비우기를 의식적으로 실천하다 보면 버리는 행동이 습관처럼 자연스럽게 된다. 감성정리 님은 매일 버리기를 통해 버리기의 즐거움을 알게 되었다고 한다. 그래서 이제는 버릴 것이 있으면 즉시 버린다. 버리기에 적극적으로 변한 것이다.

매일 버릴 물건을 찾다 보면 자연스럽게 물건들에 관심을 주게 된다. 그러면서 무슨 물건들이 있는지를 파악하게 되고, 불필요한 지출을 줄일 수 있다. 또한, 버리는 것이 습관이 되면 구매도 신중하게 된다. 물건을 버리면서 어떤 물건을 버리게 되는지, 왜 사용하지 않게 되었는지를 평가하다 보면 점점 물건을 사고 나서 후회하는 일이 적어지게 된다.

미쓰송 님은 매일 버리기 프로젝트 이후, 마트에 갈 일이 생기면 '혹시 못 써서 버리는 것은 없나?' 하고 냉장고를 미리 열어보는 습관이 생겼다. 또 버린 적이 있는 물건과 비슷한 물건은 사지 않게 되었고, 사고 싶은 물건이 생기더라도 '섣불리 샀다가 버리게 될지도 몰라' 하는 마음이 생기게 됐다.

매일 버리기 프로젝트를 할 때 주의해야 할 것이 있다. 더 이상 버릴 것들을 못 찾게 되면 '쓰레기'를 버린다거나, 프로젝트를 자연스럽게 중단해버리는 것이다. 절대 중단하지 말아야 한다. 이미 버릴 만한 물건들은 버렸으니 좀 더 단계를 높여야 한다. 오래된 것, 부피를 많이 차지하는 것, 많은 양을 가지고 있는 것들을 버리는 것이다.

그래도 망설여진다면 임시보관함에 넣거나 메모를 해두고, 시간이 흐른 뒤에 다시 한번 보자. 그때까지도 쓸 일이 없었다면 고민하지 않고 비울 수 있게 될 것이다. 또 버리기만 할 것이 아니라 수선하거나, 재활용(리폼), 기부나 중고판매까지 분야를 확장하는 것도 좋은 방법이다.

한꺼번에 버리기

나의 첫 직장은 작은 출판사였다. 서점 영업을 담당했기 때문에 서점에 자주 들렀고, 자연스럽게 한 주에 한두 권의 책을 습관처럼 사게 되었다. 그러다 보니 집은 온통 책으로 뒤덮이게 되었고, 심한 비염까지 시달리게 됐다. 결국 나는 책을 정리하기로 마음먹고 매일 한 권 이상 책을 버리기로 했다. 매일 책장을 훑어보고 안 읽을 것 같은 책은 빼서 무조건 밖으로 가지고 나갔다. 그날 만나는 사람이 필요하다고 하면 선물로 주기도 했다.

버릴 만한 책이 없을 때쯤 깔끔하게 책장이 정리될 거라 기대했다. 그러나 책들은 전혀 줄어들 기미가 보이지 않았다. 그러던 중 기이한 현상을 발견하게 되었다. 어느 날은 버리지 않기로 했던 책이 며칠 만에는 버릴 책으로 선택되었다는 것이었다. 버릴 책을 고르는 일은 마치 책과 내가 '밀당'을 하는 느낌이었다. 그제야 나는 버릴 물건을 고르는 것이 얼마나 스트레스이며, 시간 낭비이고, 에너지 낭비인지 깨달았다.

'버릴 것을 고르는 것이 아니라, 남길 것을 골라야 한다.'

나는 책장에 있는 책뿐만 아니라, 집 안에 흩어져 있던 책들을 샅샅이 뒤져 한 곳에 모았다. 많이 버렸다고 생각했는데도, 방바닥이 보이지 않을 정도였다.

'책장에 내가 가장 좋아하는 책들로만 채우겠어.'

떨리는 마음으로 명예의 전당에 오를 책들을 선별하기 시작했다. 그랬더니 그동안 버릴 책을 고르느라 날마다 고민했던 시간들이 무색하게 느껴질 정도로 많은 책들이 바닥에 남게 됐다. 나는 그 책들 중 일부를 인터넷 중고서점에 팔고, 나머지는 재활용 쓰레기로 처분했다.

그 뒤로 비염도 나아지고, 쓸데없이 책을 사 모으던 습관도 사

라졌다. 새로 산 책은 명예의 전당에 올릴 만한 책이 아니면 즉시
되팔아 다른 책을 사는 데 보탰다. 가장 만족스러운 것은 책장을
볼 때마다 마음이 설레고, 기분이 좋아졌다는 것이다.

책처럼 많은 물건들을 정리해야 할 때는 버릴 것이 아니라 남
길 것을 골라야 한다. 정리 컨설팅을 할 때 집 안에 있는 가장 많
은 물건 중에 하나가 옷이다. 작은 사이즈 옷은 다이어트에 성공
한 후에 다시 입어야 하고, 큰 사이즈 옷은 더 살이 찔지도 모르
기 때문에, 유행이 지난 옷은 유행이 돌아올지도 몰라서, 단추가
떨어져 못 입는 옷은 수선집에 가서 똑같은 단추를 사서 수선하
겠다는 이유로 버리지 못한다. 이럴 때 정리 컨설턴트들이 자주
쓰는 방법은 고객님이 원하는 드레스룸은 어떤 것인지 생생하게
그려보게 하는 것이다.

"좋아하는 브랜드의 매장이나, 고급 매장에 들어갔을 때 어떤
느낌이 드세요? 고객님의 옷장을 그런 매장처럼 만들고 싶지 않

으세요?"

이렇게 하면 정말로 마음에 들고, 기분 좋은 옷만 남길 수 있다. 버릴 옷을 고르는 것보다 남길 옷을 고르는 것이 훨씬 쉽다. 버릴 것에 대한 미련도 줄어들 뿐 아니라 남은 것에 대한 애정은 한 층 더 높아질 것이다.

가계에 보탬이 되는 비우기

나는 버리기라는 말보다 '비우기'라는 표현을 좋아한다. 쓰지 않는 물건은 버리는 것보다 처리할 수 있는 더 좋은 방법들이 있기 때문이다. 이 방법을 활용하면 가계에 보탬이 될 수도 있고, 환경을 보호할 수도 있고, 어려운 이웃을 도울 수도 있다.

나눔과 물물교환

사용하지는 않지만 멀쩡한 물건들은 버리기가 아까운 것이 사실이다. 정리 컨설팅 고객들도 비싸게 샀거나, 많이 쓰지 않은 물건을 비워야 할 때 한참을 망설인다. 그러다가도 회사와 연계된 기부업체에 기부할 수 있다고 안내하면, 비우기에 적극적으로 변한다. 내가 잘 안 쓰는 물건을 다른 사람들이 유용하게 쓸 수 있다고 하면, 특히 어려운 사람들에게 도움을 줄 수 있다고 하면 마음이 더 넉넉해지는 것 같다. 여유로운 마음과 함께 여유로운 공간도 덤으로 생기는 것이다.

요즘에는 지역 카페에서 나눔이 활성화되고 있다. 유안맘 님은 출산한 지 얼마 되지 않아 주로 집에서 시간을 보냈는데, 지역 카페 회원들과 나눔을 하면서 가깝게 사는 사람들과 인연을 맺을 수 있게 되었다고 한다.

물물교환을 할 수 있는 서비스도 늘고 있다. '키플'(www.kiple. net)이란 사이트에서는 입지 않은 아이 옷을 보내면, 사이트 내의 사이버머니로 교환을 해준다. 교환된 사이버머니로는 다른 사람이 내놓은 옷을 구매할 수도 있고, 식품이나 잡화를 구매할 수도 있다.

그밖에도 집 안의 쓰지 않는 물건이나 책, 자동차, 유휴 공간 등을 맞교환할 수 있는 공유경제 서비스가 점차 늘고 있는 추세다. 화폐가 생기면서 사라진 물물교환의 시대가 다시 오고 있는 것이다.

중고판매와 중고구입

안 쓰는 물건은 중고판매를 하는 것이 그나마 손실을 줄이는 방법이다. 중고물품뿐만 아니라, 직접 만든 물건, 대량 구매하고 남은 물건을 사이트에 올려서 판매하는 것도 가능하다.

웬만한 사람들은 대부분 가입했다는 네이버 카페의 '중고나라'

는 가장 활성화되어 있는 인터넷 중고시장이다. 그러나 요즘 중고거래에서 사기 피해를 입은 사람들이 많이 발생하고 있어서 조심해야 한다.

중고거래의 위험과 번거로움 때문에 하고 싶어도 미루고 있다면, 중고거래 중개 서비스를 활용할 수 있다. '두박스'(dobox.org)는 중고물건을 홈페이지에 올려주고, 거래뿐 아니라 배송까지 대신 처리해준다. 판매가 이루어졌을 경우에 판매대금에서 수수료를 제외한 금액을 받는 것이다. 판매가 이루어지지 않았을 경우에는, 가격을 낮추어 재판매하거나 물건을 돌려받을 수도 있다.

다른 사람이 내놓은 중고 물건을 싸게 구입하는 것도 지출을 아끼는 방법이다. 그런데 한번은 정리 컨설팅을 하러 갔는데 중고 장난감과 동화책이 거실을 한가득 채우고 있었다. 모두 중고로 산 것들이라고 했다. 매일 습관처럼 중고 사이트에 들어가서 어떤 물건들이 올라왔는지를 보고, 싸게 살 수 있다는 이유로 불필요한 물건을 충동구매한 것이다. 중고구입이 이득이 될 때는 필요한 물건을 살 때뿐임을 명심해야 한다.

대여와 공유 서비스

잠깐 사용해야 하는 물건이라면 처음부터 대여 서비스를 이용해 볼만 하다. 임신이나 육아용품처럼 특정한 시기에만 필요한 물건이 있다. 잠시 쓰게 되는 이런 물건들은 사기에는 아깝고 시간이 지나면 다시 사용할 기회도 적어 남에게 주거나 버리게 된다. 그러지 말고 필요할 때만 일정 기간 대여해서 쓰는 것도 방법이다.

'나이스베이비'(www.nicebaby.co.kr)나 '베베월드'(www.bebeworld.net)에서는 출산 및 육아용품을, '키즈맘'(www.kidsmam.co.kr)이나 '토이방'(www.toybang.co.kr)에서는 유아완구나 장난감 등을 대여해준다.

임신이나 출산에 관련된 용품이 아니더라도 빌려 쓸 수 있는 것들은 의외로 많다. 특별한 자리를 위해 양복이나 한복을 구입하기 부담스럽다면 빌려 입을 수 있다. 또 사두기만 하고는 건조대로 사용하기 쉬운 러닝머신이나 운동기구는 '런닝메이트'(www.running-mate.co.kr), '헬스코리아'(www.health-korea.co.kr) 같은 사이트에서 빌려 사용할 수 있다. 급하게 차가 필요할 때는 렌트카를 이용할 수도 있지만 하루 종일 빌리는 비용이 부담스럽다면 몇 시간만 빌릴 수 있는 '쏘카'(www.socar.kr) 서비스를 이용하면 된다.

Tip

이밖에도 TV나 컴퓨터, 복사기 등 전자제품을 대여해주는 '세기렌탈'(www.sgrental.com), 각종 카메라나 관련 장비를 대여해주는 '에스엘알렌트'(www.slrrent.net), 어르신을 모시고 있거나 큰 수술로 거동이 불편한 가족이 있다면 휠체어나 각종 의료기기를 빌려주는 '케어베드'(www.carebed.kr), '휠체어매장'(www.wheelcar.com)에서 필요한 물품을 그때그때 저렴하게 빌려 사용할 수 있다.

새어나가는 돈을
막아주는
돈 정리법

지갑 정리부터 해보자

지갑 정리는 언제든지 할 수 있고, 오래 걸리지도 않기 때문에 정리 교육에서도 즐겨 진행하는 액티비티다. 정리력 프로젝트도 당연히 가장 먼저 '지갑 정리' 미션으로 시작한다. 나는 지갑 정리를 하면서 정리의 모든 과정들을 경험할 수 있기 때문에 지갑 정리 하나만 제대로 할 수 있다면 인생을 정리할 수 있다고 믿는다.

1단계 : 꺼내고 분류하기

책을 읽고 있는 지금 당장 지갑을 꺼내서 정리를 실천해보자. 우선 지갑에 있는 모든 것들을 꺼내어 왼쪽부터 버릴 것, 버리기 애매한 것, 중요한 것 차례로 분류해보자.

영수증 유효기간이 끝난 쿠폰 잘 안쓰는 신용카드	종종 쓰는 쿠폰 마일리지 카드 가끔 쓰는 신용카드	현금 잘 쓰는 신용카드 가족사진 자주 가는 카페 쿠폰
버릴 것	**버리기 애매한 것**	**중요한 것**

2단계 : 버리기

영수증 같이 개인정보가 있는 물건을 버릴 때는 파쇄하도록 한다. 신용카드를 버릴 때는 카드사에 전화해서 해지까지 꼭 마치자(5분 이내면 충분하다). 버리기 애매한 것들은 일단 빼서 지퍼백에 담아 임시보관한다. 한 달 정도 보관했다가 기간이 지나서도 필요한 물건이 없다면 지퍼백 그대로 휴지통에 버리면 된다. 이때 지퍼백의 존재 자체를 까먹을 수 있으니 유효기간을 핸드폰 캘린더 알림으로 해두거나 수시로 보는 다이어리에 적어두자.

3단계 : 수납하기

중요한 물건에는 각각의 자리를 만들어 준다. 현금은 같은 종류끼리 모아서 넣어두면 돈을 쓸 때마다 지갑에 얼마가 있는지를 쉽게 알 수 있다. 풍수 전문가들은 지폐에 그려진 사람의 얼굴이 지갑의 바깥을 향하고 있으면 돈이 잘 나간다고 말하는데, 믿거나 말거나 이렇게 하면 왼쪽 하단에 있는 숫자가 잘 보여서 실천하고 있는 방법이다.

Tip

마일리지, 포인트 카드를 등록할 수 있는 스마트폰 어플리케이션을 설치하면 좋다. '시럽 월렛'(www.syrup.co.kr)을 추천한다. 집에 놓고 오거나 분실할 일이 생겨도 사용이 가능하고, 무엇보다 지갑이 훨씬 가벼워진다.

4단계 : 필요한 것 채우기

사람들은 비우는 것만 정리라고 오해하는데 '채우는 것'도 정리다. 애용하는 마트의 마일리지 카드나 신분증, 현금영수증 카

드를 분실했다면 미루지 말고 재발
급한다. 요새는 신용카드를 주로 쓰
다 보니 평소 지갑에 현금이 얼마 없
는 경우가 많은데, 현금을 사용하는
것은 자신의 재정 상태를 확인하는
데 가장 좋은 방법이다. 많은 부자들

이 설령 자신이 신용카드 회사를 운영한다 하더라도 현금을 애용
한다고 한다. 나는 언제나 20만 원의 현금을 지갑에 채우는 것을
원칙으로 하고 있다. 지갑에 현금이 많으면 부자가 된 듯한 기분
이 들어 좋고, 가지고 있는 돈 이상을 지출할 수도 없기 때문이다.

마지막으로 지갑을 티슈나 가죽클리너로 깨끗하게 닦으면 끝
이다.

지갑 정리는 돈 나가는 구멍을 막는다

지갑 정리를 잘 하면 쓸데없는 돈을 덜 쓰게 된다. 커피숍을 한
군데만 이용하면 혜택을 더 빨리, 많이 받을 수 있고, 제휴카드를
잘 정리해 놓으면 놓치지 않고 혜택을 받을 수 있다.

신용카드를 여러 개 사용한다면 이번 기회에 한 개 이상 없애
보길 바란다. 신용카드는 쓸데없는 돈을 쓰고, 낭비하게 만드는
주범이다.

"쓰는 것도 없는데 항상 마이너스예요. 근데 쓴 내용을 보면 제

가 쓴 거가 다 맞더라구요." 행복을찾아서 님의 이야기지만, 나도 카드명세서를 볼 때마다 깜짝 놀란다. 소액이 거액이 된다는 사실과 그 돈을 다 내가 썼다는 사실 때문이다. 푼돈이 목돈이 된다는 것이 잘 와 닿지 않는 것처럼 작은 지출이 모이면 감당하기 어려운 큰 지출이 된다는 사실도 잘 와 닿지 않는다. 많은 사람이 위험할 정도로 큰돈을 쓰고도 이후 지출을 줄이지 않고 계속해서 느긋하게 생활하는 까닭도 이 때문이다.

신용카드는 잘못된 소비습관을 만드는 주범이다. 한국은행에 따르면 우리나라는 "국민 1인당 신용카드 결제 건수 1위, 국민 10명 중 9명이 보유, 1인당 신용카드 보유량 4.8장"이라는 기록을 가지고 있을 정도로 신용카드를 애용하고 있다. 대부분의 경제학자들은 신용카드를 가계재정을 파괴하는 핵폭탄으로 평가한다. 현재 신용카드가 여러 개라면 지갑 속에 핵폭탄을 여러 개 가지고 다니는 셈이다.

사람들은 자신의 능력을 과대평가하는 '통제의 환상'을 가지고 있다. 그래서 신용카드를 쓰면서 자신이 지출을 통제하고 조절할 수 있을 것이라 생각한다. 그러나 자신의 능력을 과신할수록 경솔하게 행동하기 마련이다. 자신의 지출 통제력을 의심하지 않으면 더 많은 소비가 일어나게 된다. 그래서 카드대금은 늘 예상보다 더 어마어마한 금액이 나오게 되는 것이다.

또한 사람들은 신용카드를 쓰면 품목과 비용을 기억하지 못하

는 경향이 있다고 한다. 그래서 물건을 잘못 사더라도 현금으로
살 때보다 후회를 적게 하게 된다. 카드대금이 많이 나오더라도
해결만 한다면 금방 과소비를 했다는 죄책감과 후회에서 자유로
워진다. 이렇게 매달 거액의 카드 값을 메꾸면서 우리는 점점 부
자가 되는 길에서 멈추거나 후퇴하게 되는 것이다.

　신용카드가 과소비를 만든다는 것은 과학적으로도 증명되었
다. 현금을 쓸 때는 손실의 고통과 우울함을 느끼게 하는 뇌섬엽
이 활성화된다고 한다. 그런데 신용카드를 낼 때는 우리의 뇌가
돈을 쓴다고 생각하지 않기 때문에 뇌섬엽이 활성화되지 않는
다고 한다. 그래서 현금을 쓸 때보다 신용카드를 쓸 때 과소비를
하게 되는 경향이 있는 것이다. 실제로 유명 스포츠팀 경기 관람
티켓을 두고 현금으로 사겠다는 사람들과 카드로 사겠다는 사람

▲ 에고이스트 님의 지갑 정리 인증샷

들을 대상으로 얼마의 금액까지 지불할 수 있는지를 조사한 결과, 카드로 사겠다는 사람들이 더 많은 비용을 지불할 의사가 있다고 말했다.

자 이제, 신용카드 한 장 정도는 없앨 만한 가치가 있다고 느껴지는가? 돈을 잘 모으는 사람들에게는 세 가지가 없다고 한다. 바로 '신용카드, 대출, 마이너스 통장'이다. 에고이스트 님은 지갑 정리 미션을 수행하면서 신용카드 일곱 장을 시원하게 잘라버렸다. 에고이스트 님의 가벼워진 지갑만큼, 그의 잔고는 두둑해질 것이다.

한 달 고정지출을 파악하고 있는가

우리가 매달 돈 때문에 스트레스 받는 이유는 돈에 대한 통제력을 상실했기 때문이다. 내가 돈을 움직이는 게 아니라 돈이 나를 움직이게 하는 것처럼 어리석은 일도 없다. 당신은 돈이 새어나가지 않도록 잘 통제하고 있다고 생각하는가? 그렇다면 아래 질문에 대답해보자.

● 한 달을 사는 데 얼마의 돈이 필요한가?

- 저축이나 보험료는 얼마이며, 그 액수가 적당하다고 생각하는가?

- 쇼핑이나 여가생활에 사용할 수 있는 여윳돈은 얼마인가?

위 질문들에 잘 대답할 수 없다면 고생해서 번 아까운 돈이 손가락 사이로 빠져나가는 모래알처럼 사라지고 있을지도 모른다. 우리가 어떤 것을 제대로 통제하지 못하는 이유 중 하나는 정보가 부족하기 때문이다. 하루만 시간을 들여 정리해보자. 손에 잡히지 않는 돈이 낱낱이 보이기 시작할 것이다.

1단계 : 고정지출 파악하기

한 달, 1년에 필요한 고정지출을 파악하고 있으면 좋은 점이 많다. 현실적인 저축이나 투자 계획을 세울 수 있고, 여행 등에 쓸 수 있는 여유자금 계획을 세울 수 있다. 고정지출에는 다음과 같은 항목들이 해당된다.

- 부채상환 원리금 : 주택대출상환, 신용대출상환 등
- 주택 관련 지출 : 월세, 관리비, 수도세, 가스비, 통신비, 전기세 등
- 보험 관련 지출 : 상해보험, 암보험, 종신보험 등
- 자녀 관련 지출 : 학원비, 놀이방비, 유치원비 등

● 가족생활 관련 지출 : 식비, 생필품비, 유류비, 교통비, 개인용돈 등

고정지출을 파악하면 쇼핑이나 여가에 쓸 수 있는 한도 금액을 파악할 수 있는데, 생각보다 넉넉하지 않다는 것을 알게 될 것이다.

그래도 방법은 있다. 시스템을 바꾸면 된다. 신용카드로 인해 쇼핑을 통제하기가 어려웠다면 신용카드를 없애고, 쇼핑전용 계좌를 만들어 쇼핑에 쓸 수 있는 돈을 매달 모아 체크카드나 현금으로 사용하면 된다. 이런 시스템을 활용하면 자연스럽게 쇼핑 횟수도 줄어들게 되고, 돈을 모아서 원하는 것을 얻는 기쁨을 느끼게 될 것이다.

다음의 항목들처럼 계절성 지출비용이나 경조사비처럼 갑작스럽게 발생하는 지출도 대비해야 한다. 언제 얼마의 금액이 필요한지 파악하여 매달 소액이라도 저금을 해놓는다면 갑작스럽게 목돈이 들어가더라도 스트레스를 받지 않을 수 있다.

● 재산세
● 자동차세
● 자동차 보험료
● 명절비
● 가족생일비

● 경조사비

● 휴가 · 여행경비

다음의 표에 최대한 최선을 다해 작성해보자. 한번에 완벽하게 작성할 필요는 없고, 확실하지 않아도 좋다. 일단 대충이라도 넣어보자. 나는 스마트폰으로 작성이 가능한 스프레드시트에 작성해서 저장해 놓고 궁금할 때마다 언제 어디서든 꺼내 보고, 생각날 때마다 업데이트 하거나, 정확한 수치를 알게 되면 수정하는 작업을 거쳤다.

Tip

본인이 가입하거나 본인을 계약자로 해 가입한 보험 내역을 일괄 조회할 수 있다. 생명보험협회(www.klia.or.kr) 및 손해보험협회(www.knia.or.kr) 홈페이지에서 보험가입내역과 휴면보험계좌를 조회해보자.

한 달에 드는 고정지출과 계절성 지출을 파악해 봅시다.

구분	세부항목	금액	지출계좌	납기일
부채상환 원리금	주택대출상환			
	신용대출상환			
	a. 총계			

주택 관련 지출	월세			
	관리비			
	수도세			
	가스비			
	통신비			
	전기세			
	b. 총계			
보험 관련 지출	상해보험			
	암보험			
	종신보험			
	c. 총계			
자녀 관련 지출	학원비			
	놀이방비			
	유치원비			
	d. 총계			
가족생활 관련 지출	식비			
	휴대폰비			
	유류비			
	개인용돈			
	교통비			
	e. 총계			

총계	a+b+c+d+e			
구분	세부항목	금액	지출계좌	납기일
계절성 지출	재산세			
	자동차세			
	자동차 보험료			
	명절비			
	가족생일비			
	기타 경조사비			
	휴가비			
	f. 총계			
	f / 12개월			

2단계 : 계획 변경하기

그동안의 고정지출을 파악했다면 그에 따라 앞으로의 지출계획과 저축계획을 수정해보자.

지출계획 변경하기

산녀 님은 고정지출 파악을 통해 변동지출 중 몇 가지 항목을 줄이기로 계획을 세웠다. 계획은 다음과 같다.

●계획을 세운 지출액 한도 내에서 생활하기

- 신용카드 사용 안 하기(할인혜택을 받기 위해 주유시에만 사용)
- 대중교통 이용하기
- 외식을 자제하고, 아이들에게 엄마표 간식 해주기

꿈틀나 님은 고정지출 파악을 통해 가계 생활이 어려운 이유를 분석하고 소비습관을 바꾸기로 결심했다.

"우리 집의 수입과 고정지출은 일정하다. 용돈과 생활비만 들쑥날쑥이다. 시골이어서 인터넷 쇼핑을 애용하는 것이 가장 큰 원인인 것 같다. 앞으로는 슈퍼마켓에서 현금을 쓰겠다."

짱구아빠 님은 매달 불필요하게 지출되었던 2만 원을 아낄 수 있게 되었다.

"인터넷 통신 요금을 많이 내고 있는 것 같아서 내역을 살펴보니 예전에 월정액으로 영화와 케이블 채널 무제한 시청 서비스를 신청하여 2만 원을 추가로 내고 있다는 것을 알았습니다. 그때는 마침 보고 싶은 영화와 드라마가 있어서. 회당 보는 것보다 이득이라는 생각에 신청을 했던 것인데, 그이후 잘 이용을 하지 않고 있어서 해지했습니다."

몇 만 원이라도 저축하기 위해 고민하고 고민해서 빠듯하게 지출계획을 세운 사람이라면 2만 원이 얼마나 큰돈인지를 알 것이다. 또 매월 2만 원이면 소액처럼 느껴지지만 1년이면 24만 원, 2년이면 48만 원, 3년이면 72만 원이란 큰돈이 된다. 요즘은 소비자를 유혹하는 부가서비스가 다양하고, 할부라는 마법의 제도를 제공해 충동적으로 구매하게 되는 경우가 많다. 그러나 시간이 지나고 나면 불필요해지거나 낭비처럼 느껴질 수가 있다. 그런 서비스가 있다면 과감히 취소하는 것이 시간이 지날수록 큰돈을 모을 수 있는 길이다.

또 고정지출이 여러 계좌에서 빠져나가면 헷갈리니 한 계좌에서 빠져나가게 하면 관리하기가 쉽다. 고객센터에 전화해서 지출계좌를 변경하고, 납부일이 각기 다르다면 월급 다음날에 한꺼번에 납부될 수 있도록 변경하면 잔고가 없어서 미납되는 상황을 방지할 수 있을 것이다.

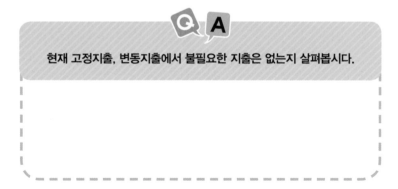

현재 고정지출, 변동지출에서 불필요한 지출은 없는지 살펴봅시다.

저축계획 세우기

두 번째는 저축에 대한 계획을 세우는 것이다. 꼭 필요한 고정지출만 남기고 얼마의 저축이 가능한지를 파악해야 한다. 급여에 몇 프로를 저축 해야겠다고 생각하는 사람이 있는데, 고정지출을 파악하지 않고 대강 정하거나, 다른 사람이 하라는 대로 했다가는 오히려 소비통제가 안 될 수 있다. 욕심 부리고 비현실적으로 많은 돈을 저축하게 되면 매달 돈 때문에 스트레스 받거나, 신용카드 사용이 늘어 지출액이 커질 수 있다. 반대로 아주 적은 금액만 저축하고, 쓰고 남으면 저금하겠다고 안일하게 생각하면 쓸데없이 비싼 외식을 하거나, 불필요한 물건을 사는 등 무분별한 소비습관만 생기고, 시간이 지날수록 돈 모으기는 쉽지 않을 것이다.

"이전에는 총 급여 중에 몇 퍼센트를 저축해야지 하고 생각했는데, 먼저 지출을 파악하고, 어느 정도를 저축할 수 있는지 역으로 생각하니 새로웠습니다. 아직 식구가 적으니 좀 더 적금을 들 수 있겠다는 생각이 들더라구요. 몇 가지 계획을 세우고 특정 금액을 할당하는 방식으로 적금 계획은 세웠는데, 금리가 너무 낮네요. 그래도 금리 신경 쓰지 말고, 돈을 쓰지 않는 데 의의를 두기로 했습니다." ●차분하게 님

돈 모으기가 쉽지 않은 사람에게는 쓸데없는 지출을 줄이고 1만 원이라도 더 저축하려고 노력하는 것이 금리가 주는 이익보다 훨씬 더 많은 돈을 모을 수 있는 방법이다. 있으면 쓰게 되고, 없으면 없는 대로 살 수 있는 것이 돈이다. 시크릿지은 님은 "한 달에 5만 원씩이라도 적금을 넣겠다"는 계획을 세웠는데, 소액이라도 저축하기로 결심한 사람들을 보면 이 미션을 안내한 목적이 제대로 달성되었다는 생각이 든다.

그래도 결심이 쉽지 않다면, 돈을 좀 더 모아서 의미 있는 곳에 쓰기로 해보자. '노트북 구입' '재봉틀 배우기' '유럽 여행'처럼 새로운 목적의 통장을 개설할 것을 추천한다. 그래야 돈 모으는 재미가 있고, 돈을 모아서 원하는 바를 이루면 기분도 훨씬 좋고, 돈 모으는 것에 자신감이 붙기 때문이다. 생각이 바뀌어 더 큰 목돈

을 모으는 데 사용할 수도 있다.

　저축을 하기로 마음먹었다면 급여일에 자동이체를 하는 것이 좋다. 금융 전문가 보도 쉐퍼는 "저축은 자기 자신에게 돈을 내는 것"이라고 표현했다. 고정지출처럼 자동이체로 저절로 저축하게 만드는 것이다. 이런 시스템을 만드는 것을 '행동 장치'라고 하는데,《괴짜 경제학》에서는 미래에 자신의 의지가 약해질 것을 알고 행동장치를 만들어 놓는 것은 단순한 원리이지만 강력한 효과를 가져온다고 한다. 요즘은 스마트폰 은행 어플리케이션에서 쉽게 적금계좌를 개설할 수 있으니 부담되지 않는 소액으로 시작을 한다면 돈 모으기가 어렵지 않다는 것을 알게 될 것이다.

수입(용돈)에서 고정지출 금액을 뺀 금액이 얼마인지 파악해봅시다.

1. 매달 쇼핑이나 유흥에 쓸 수 있는 금액은 얼마인가?

　　_____

2. 매달 저축 가능한 금액은 얼마인가?

　　_____

3단계 : 가족들과 공유하기

> "우리 신랑은 나에게 이런 말을 자주한다. '도대체 한 달에
> 얼마를 갖다주면 돼?' 돈 걱정 때문에 남들 사는 것 못 산다
> 하면, '너도 그냥 사!'라고 한다."

정갈한마음 님의 이야기다. 부부들 사이에서 흔히 하는 대화일
것이다. 오죽하면 부부싸움을 일으키는 가장 큰 요인이 '돈'이라
고 하겠는가. 부부가 돈 때문에 자주 싸우는 이유는 돈 관리가 어
렵기 때문이다.

결혼 전에는 용돈으로 자신에 관련된 것에만 지출하다가 결혼
을 하고 나면 나가는 돈도 많고 준비해야 할 돈도 많아진다. 그동
안 해왔던 돈 관리 이상의 능력을 필요로 하는 것이다. 부부 중
한 명이 일임하여 돈을 관리하더라도 고정지출 내역을 공유하고,
재정 관리에 대해 서로서로 의논하고 상의해서 함께 미래 계획을
세우는 것이 중요하다.

핑쫑 님은 '고정지출 정리하기' 미션을 수행하면서 결혼 후 처
음으로 남편과 가계생활에 대해 이야기했다고 한다.

> "고정지출 정리를 하면서 남편과 처음으로 우리집 수입과
> 지출에 대해 의논했습니다. 속이 아주 후련해졌습니다. 주말

에는 좀 더 자세한 데이터 자료를 준비해서 다시 한번 이야
기하기로 했는데 매우 기대가 됩니다."

고정지출은 소액이더라도 자잘한 지출들이 모여 큰 지출이 된
다. 어디에 어떤 지출이 들어가는지를 공유하지 않으면 상대방이
돈이 어떻게 쓰이고 있는지를 알 수 없다. 고정지출이 수입 중에
서 얼마나 차지하는지를 서로 알고, 투자와 저축 계획을 세우며,
용돈 안에서는 각자의 상황이나 기호에 따라 자유롭게 소비생활
을 누릴 수 있게 한다면 돈으로 인한 부부싸움은 줄어들게 될 것
이다.

가계부 습관이 몸에 배는 법

흔히 가계부는 재테크의 시작이라는 말을 많이 한다. 실제
로《지갑 방 책상》의 저자 하네다 오사무는 학자금 대출로 인해
3,700만 원의 빚이 있었는데, 이를 해결하기 위해 스무 살 때부터
가계부를 쓰기 시작했고, 3년 만에 빚을 완전히 다 갚을 수 있었
다고 한다.

그러나 가계부 성공사례는 늘 남의 얘기 같다. 가계부를 써도
늘 잔고는 일찍 바닥이 나고, 카드대금은 통제가 안 되기 때문이

다. 매달 똑같은 과정을 반복하다 보면 '이거 써봤자 뭐해'라는 생각이 든다.

하지만 푼돈 모아 부자가 된 사람들의 성공담에 절대 빠지지 않는 것이 '가계부 쓰기'이다. 아무리 가계부를 써도 돈이 모일 기미가 보이지 않는다면 그것은 그동안 가계부를 잘못 써왔기 때문이다. 나도 에듀머니의 '가계부 잘 쓰는 법'이라는 온라인 교육을 받고 어떻게 써야 효과적인지를 알게 되었다.

1단계 : 수입/지출 기록하기

우선 오늘의 수입과 지출을 기록해보자. 손으로 쓰는 가계부도 좋고, 스마트폰 어플리케이션도 좋다. 바로바로 입력하는 습관은 밀리는 것을 방지해준다. 매번 입력하는 것이 번거롭다면 일정한 시간에 알람을 설정해 두고, 하루 동안 쓴 지출을 한꺼번에 작성하는 것도 좋은 방법이다.

신용카드를 쓰면 사용·내역을 문자로 받기 때문에 기록하기가 쉬운데, 현금은 기록이 남지 않아 기억이 나지 않을 때가 있다. 현금영수

Tip

가계부 어플리케이션에서 제공하는 다양한 기능

• 문자로 온 카드사용 내역을 복사하고, 어플을 실행하면 자동으로 지출내역이 입력된다.
• 자동이체 및 반복적인 거래를 자동으로 추가할 수 있다.
• 지출 항목을 대분류와 소분류로 지정하여 항목별 지출금액을 파악할 수 있다.
• 지출 항목별 예산을 설정할 수 있다. 예산과 지출을 막대그래프로 표시해준다.

증을 발급 받으면 국세청 어플리케이션에서 확인이 가능하다. 연말정산시 소득공제를 받을 수 있기 때문에 현금영수증 발급을 생활화할 수 있다는 것도 좋은 점이다.

2단계 : 평가하기

돈 모으기 고수들은 숫자 기록만 하지 않는다. 숫자만 나열하는 것은 가계부를 쓰는 의미가 없기 때문이다. 가계부를 잘 쓰는 사람은 반드시 평가하는 과정을 수행한다. 평가라고 해서 부담을 가질 필요는 없다. 지출내역을 훑어보고 그중에 특이사항에 대해서만 평가를 하면 된다.

'밥 먹고 커피만 마셨어도 되었는데, 쓸데없이 케이크까지 사 먹었네.'

'한 개만 필요했는데, 2+1이라고 괜히 두 개 샀네.'

'어제 깜빡하지 않았으면 요일 할인을 받을 수 있었는데, 다음

주에는 꼭 잊지 말아야지.'

다시는 저지르고 싶지 않은 실수라면 메모를 해두면 더욱 좋다.

평가라고 해서 반성만 하는 것이 아니다. 할인 혜택을 챙기거나 돈을 아끼기 위해 노력한 것이 있다면 스스로 칭찬하는 것도 잊지 말자. 이렇게 자신의 소비에 대한 피드백을 반복하다 보면 비슷한 상황이 왔을 때 쓸데없는 지출이 발생되는 것을 막을 수 있게 될 것이다.

《부자들의 가계부》에는 소비를 계획할 때 우선순위 기준인 ABC를 적용하면 좋다고 나와 있다. 의식주 같은 반드시 필요한 소비는 A, 교육비 같은 필요한 소비는 B, 외식처럼 없어도 되는 소비는 C로 구분하는 것이다. 소비 계획이 아니라 소비 평가에 ABC기준을 적용해보자. C로 평가된 소비에 대해서는 구체적으로 피드백하는 것도 좋은 방법이 될 것이다.

오늘 지출한 내역을 적어보고 A · B · C로 평가해보세요.

지출내역	평가	피드백

영수증 정리의 비밀

영수증 정리만으로도 지출을 줄일 수 있는 방법이 있다. '정리로 잘못된 소비습관 탈출하기' 강의를 하고 있는 김영란 정리 컨설턴트는 영수증 정리와 신용카드 없애기를 통해 놀라운 변화를 경험했다고 한다. 일주일 만에 10만 원의 지출을 줄였고, 습관이 되자 한 달 생활비로 두 달을 생활할 수 있게 된 것이다. 1년이면 6개월간 생활비가 절약된 것이고, 2년이면 1년을 생활비 없이 살 수 있을 만큼 엄청난 결과였다.

그녀가 실천한 방법은 간단하다. 가계부처럼 매일 기록할 필요도 없다. 영수증을 지퍼백에 일주일 단위로 모으고, '간식' '이동' '생활비' '유흥' '쇼핑'처럼 항목별로 분류하면 된다. 그리고 '가계부 작성하기' 중 '2단계: 평가하기'를 한다. 영수증의 품목들을 쭉 훑어보고 특이사항이나 평가내용을 영수증이나 수첩에 따로 기록하면 된다.

한 달이 지나면 항목별 묶음들의 합계와 영수증 개수를 파악한다. 영수증 개수를 세어보면 한 달 동안 얼마나 많이 이용했는지 빈도수를 알게 되기 때문에 소비패턴을 쉽게 파악할 수 있다. 이것이 바로 가계부와 달리 영수증 정리만이 가질 수 있는 장점이다. (더 자세하고 다양한 방법과 그녀만의 노하우를 알고 싶다면 특강을 들어보길 권한다.)

요즘에는 체크·신용카드를 많이 사용하고, 결제하면 문자로 결제내역이 바로 오기 때문에 영수증을 챙기지 않는다. 그러나 결제문자를 확인하는 것보다 지출을 줄이고, 소비습관을 개선할 수 있는 '무언가'가 영수증 속에 있다.

결제문자에는 구입처의 상호와 최종 결제금액만 나오기 때문에 품목이나 단가는 알 수가 없다. 마트에서 20만 원어치를 결제했는데, 영수증이 없다면 내가 무엇을 샀는데 이렇게 큰 거액을 썼는지를 알 수가 없다. 어떤 물건이 비싼지, 쓸데없는 물건을 사진 않았는지, 충동구매를 한 물건은 없는지 알 수 있는 기회도 함께 사라져 버린다.

결제문자에 나오는 잔액은 영수증에는 나타나지 않는 정보이기 때문에 지출을 통제하는 데 도움이 될 거라 생각한다. 그러나 "손님, 잔액 부족이라고 나오는데요"라는 말을 들어본 적이 있지 않은가? 결제문자를 너무 자주 받기 때문에 잔액을 더 이상 주시할 만한 정보로 여기지 않게 된 것이다. 마치 첨부파일을 받기 전

▲ 김영란 정리 컨설턴트의 영수증 정리 사진

에 항상 뜨는 '첨부파일 바이러스 검사를 실시하시겠습니까?'라는 경고 메시지를 무시하는 것처럼 말이다. 김영란 정리 컨설턴트의 친구는 여러 개의 신용카드 중 결제 통보 문자 서비스를 신청하지 않은 신용카드를 주로 사용한다고 한다. 이유를 물어보니 핸드폰 메모장에 누적 금액을 체크해서 잔액을 항상 주지하고 있기 위해서라는 것이다.

김영란 정리 컨설턴트는 정리할 영수증이 점점 줄어드는 재미를 느끼는 것이 영수증 정리의 정수라고 말한다. 매달 정리할 영수증이 줄어드는 것이야말로 진정한 영수증 정리의 효과요, 영수증 정리의 최종 목적인 것이다.

안 하면 후회하는 청구서 정리

한번은 개인사업을 하고 계신 대표님께서 나에게 이런 메시지를 보내 주셨다.

"오늘따라 윤 대표님 하시는 일이 얼마나 가치 있는 일인지 가슴깊이 느낍니다. 나름 제 일에서는 정리를 잘 하고 있다고 생각했는데, 미처 정리하지 못한 부분에서 생각지도 못한 일이 발생했답니다.

인터넷 요금제를 가족 요금제로 묶으면서 통신사를 바꾸었는데, 주말에 청구서를 확인하다가 기존 케이블TV를 해지하지 않고 사용비를 18개월 동안 내고 있었다는 사실을 알게 되었거든요. 아까운 내 돈 66만 원."

요즘 우편함에서는 반가운 편지를 찾아보기 힘들다. 카드내역서, 세금청구서, 공과금지로처럼 돈을 내라거나, 마트 할인쿠폰, 백화점 세일정보처럼 돈을 쓰라는 정보들뿐이다. 대부분 원하지 않는 내용이다 보니 우편함에 방치하거나 한 번 쓱 보고 던져놓기 일쑤다. 그러다가 생각지 못한 지출이 발생되는 것이다.

하루만 날 잡고 청구서 정리를 끝내보자. 잠깐의 노력으로 앞으로 쌓일 스트레스도 줄이고, 돈도 절약할 수 있다.

1단계 : 청구서 처리하기

우편물을 정리하는 첫 번째 단계는 필요 없는 것과 처리해야 할 것으로 구분하는 것이다. 처리해야 할 우편물은 가방에 챙겨두고 그날 잊지 않고 은행에 들러 처리할 수 있게 한다. 그런데 요즘은 인터넷 납부 시스템이 잘 구축되어 있어서 번거롭게 은행에 가지 않아도 된다. 공과금, 세금은 물론 과태료까지 인터넷으로 납부할 수 있다.

2단계 : 인터넷 청구서로 변경하기

두 번째 단계는 보지 않는 정기 간행물들을 즉시 해지하고, 우편 청구서는 이메일이나 모바일 청구서로 바꾸는 것이다. 우편물이 쌓이는 스트레스를 줄일 수 있고, 언제 어디서든 생각이 났을 때 확인해서 처리할 수 있다. 어떤 곳은 종이를 쓰지 않는 대신 할인혜택을 주는 곳도 있으니 바꾸지 않을 이유가 없지 않은가.

3단계 : 자동이체로 납부방법 변경하기

세 번째 방법은 자동이체로 납부방법을 변경하는 것이다. 나의 경우 모든 납부해야 할 것들을 이메일 청구서로 받고 있고, 자동이체로 납부하고 있기 때문에 우편물이 쌓일 일이 없다. 자동이체로 설정하면 비용을 할인해주는 곳도 있다.

여백의 님은 우편물 정리를 하면서 신용카드로 납부방법을 변경했더니 할인혜택을 받을 수 있는 신용카드여서 생각지 못한 비용을 절감하게 되었다고 한다. 보유한 신용카드 중에 자동납부 할인 혜택을 받을 수 있는 카드가 있는지 알아보는 것도 돈을 아낄 수 있는 방법이다.

✎ Action Plan

고정지출이 빠져나가는 계좌와 납기일을 정리해보고 한 계좌에서 적당한 날짜에 빠져나가도록 변경하자.

구분	세부항목	비용	지출계좌	지출일
부채상환 원리금	주택대출상환			
	신용대출상환			
주택 관련 지출	월세			
	관리비			
	수도세			
	가스비			
	통신비			
	전기세			
보험 관련 지출	상해보험			
	암보험			
	종신보험			

자녀 관련 지출	학원비			
	놀이방비			
	유치원비			
가족생활 관련 지출	휴대폰비			
	교통비			

통장 정리를 통한 돈의 목적 찾기

사람들이 돈을 잘 모으지 못하는 이유는 '방법'을 몰라서가 아니라 '이유'를 몰라서라고 말한다. 돈은 은행에 가서 단순 정기적금만 가입해도 모을 수 있기 때문이다. 그리고 대부분의 사람이 실천하고 있는 일이기도 하다. 그러나 막연하게 '돈을 모아야지' 하는 생각은 돈을 모으는 데 전혀 도움이 되지 않는다. 더 모을 수 있는 돈도 당장의 이익에 급급하여 생각없이 써버리기 때문이다.

《여자의 습관》의 저자인 정은길 아나운서는 신입사원이 되고 나서 집을 장만하고 싶다는 큰 목표를 가지고 돈을 모으기 시작했더니 서른 살이 되기 전에 1억이라는 큰 돈을 모을 수 있게 되었다고 한다. 결혼 후에는 최단 기간 아파트 대출금을 갚기 위해 남편과 함께 2년간 1억을 모았고, 그 다음은 세계여행을 목표로 1년간 1억 모으기에 도전했다. 그 결과 1년간의 여행기를 담은 책 《나는 더 이상 여행을 미루지 않기로 했다》를 출간하게 되었다.

돈을 잘 모으기 위해서는 돈을 모으는 목적을 분명히 해야 한다. 그래야 시시때때로 충동구매의 유혹이 닥쳐오더라도 '나는 더 중요한 목표가 있어'라며 금세 뿌리칠 수 있다. 통장을 정리하는 진짜 의미는 돈의 목적을 분명히 하기 위해서다.

1단계 : 다 쓴 통장 버리기

인터넷/모바일 뱅킹으로 사용한 내역을 확인할 수 있기 때문에 다 쓴 통장은 보관할 필요가 없다. 가장 확실하게 처분하는 방법은 파쇄해서 일반쓰레기에 버리는 것이다. 파쇄하기가 번거롭다면 가까운 은행에 방문하여 파쇄를 요청하면 된다.

오래전에 개설해 놓고 통장을 분실하는 등의 이유로 잊고 있던 계좌가 있을 수도 있다. 스미골 님은 휴면계좌 조회하기 미션을 수행하면서 12년 전 처음 사회생활을 시작하면서 만들었던 계좌를 찾아냈다. 잔액이 58,000원이나 있어서 그날 가족들과 소고기 파티를 열었다고 한다.

은행연합회(www.sleepmoney.or.kr) 홈페이지나 보험개발원(www.kidi.or.kr) 홈페이지에 공인인증서로 로그인하여 휴면계좌가 있는지 없는지 확인할 수 있다. 방치된 휴면계좌에 있는 돈은 보험금은 2년, 은행은 5년, 우체국은 10년이 지나면 저소득층 복지사업에 쓰인다고 한다.

2단계 : 사용 계좌 정리하기

영화 〈빠삐용〉으로 유명한 할리우드 배우 더스틴 호프먼의 철저한 경제관념에 대한 일화가 있다. 무명시절 극단에서 어려운 시기를 보냈던 그는 식료품을 살 돈이 없어 극단 친구인 진 해크먼에게 돈을 빌린 적이 있다. 돈을 빌려준 뒤 진 해크먼이 호프먼의 집에 방문하게 되었는데, 부엌 창틀에 놓인 여러 개의 유리병에 돈이 들어 있는 것이 아닌가. 진 해크먼은 그에게 돈이 있는데

▲ 진진아빠 님은 개인미니금고에 수집품처럼 모아놓았던 통장들을 모두 버리고 현재 사용하는 통장 4개만 남겼다.

도 왜 자신에게 돈을 빌렸는지 물었다. 호프먼은 여러 개의 유리병 중 '식료품'이라고 쓰여 있는 빈 유리병을 가리키며 "모두 다른 데 쓸 돈이야. 식료품을 사는 데 쓰면 안 돼"라고 말했다. 그러고 보니 돈이 들어 있는 유리병에는 각각 '책' '옷'이라는 딱지가 붙어 있었다. 그는 무엇인가를 살 때 정해진 항목으로 모아 둔 돈만 썼고, 돈이 아무리 없어도 다른 항목의 돈은 단 1달러도 꺼내 쓰지 않을 만큼 소비 원칙을 철저히 지켰던 것이다.

《넛지》의 저자 리처드 탈러는 이와 같은 마음속에 존재하는 각각의 장부를 '심적 회계'라고 말했다. 심적 회계를 잘 정리하면 지출을 효율적으로 관리할 수 있다. 돈을 쓸 때마다 전체 재산이 얼마인지 계산하거나, 앞으로의 재정 상태에 어떤 영향을 미칠지를 고려하는 것이 상당히 어렵기 때문이다. 계정을 나누고 각각의 계정만 살피는 것이 훨씬 효율적이다.

현재 계좌마다 사용 목적과 용도, 유효기간, 목표금액을 정리해보자. 용도가 불분명한 계좌가 있다면 해지하거나, 새로운 목적을 부여해서 활용하면 된다. 평범한 월급쟁이에서 재테크의 여왕이 된 경제전문 기자 성선화 씨는 다양한 목적의 통장을 40개나 가지고 있다고 한다. 개수가 중요한 것은 아니지만, 돈을 모아야 하는 목적을 만들고, 소액이라도 자동이체를 시켜서 계속해서 돈을 불려나가는 것이 중요하다.

현재 사용하고 있는 계좌의 용도/목적을 정리해보세요.

계좌이름 (유형)	계좌번호	용도/목적	적금액 (목표금액)	유효기간
생활비 통장 (보통)	000-00-000	고정지출용	–	–
여름휴가 통장 (적금)	000-00-000	해외여행 자금	20만원 (200만원)	16.07.30
쇼핑 통장 (보통)	000-00-000	옷, 가방, 헤어 등 쇼핑용	10만원	17.05.10

쓸데없는 지출을
줄이는 집안 정리법

집안 곳곳에 돈이 숨겨져 있다

"정리가 안 되면 돈이 새어나간다더니 그 말이 정말이었네요!"

S학원 원장님의 서류 정리 코칭을 진행하던 중이었다. 흩어져 있던 서류들을 모아서 분류하는 작업을 하던 중, 서류들 사이사이에서 15만 원어치의 현금이 발견되었다. 원장님은 정리 코칭을 공짜로 받은 셈이라며 무척이나 기뻐했다. 학원비를 책상 서류 위에 두었다가, 서류들이 쌓이면서 함께 휩쓸려 자취를 감췄던 것이다.

잃어버린 돈이 아니라 잊어버린 돈을 찾은 적도 있었다. 자영업을 하시는 한 사장님의 집을 정리하다가 옷장 서랍 깊숙한 곳에서 돈 뭉치를 발견한 것이다. 다른 사람이 찾지 못하게 몰래 숨겨놓았는데, 본인조차도 비상금의 존재 자체를 까맣게 잊고 있었던 웃지 못할 일도 있었다.

정리 중에 돈을 찾는 것은 예상치 못한 행복과 기쁨을 준다. 그러나 사실 정리하는 모든 활동이 현금을 되찾는 일이나 마찬가지이다. 안 쓰는 물건은 팔면 당장 돈이 되고, 있는 물건을 잘 쓰면 본전을 뽑는 것이며, 쇼핑을 줄이는 것은 돈을 아낄 수 있기 때문이다. 지금부터 '돈 모으는 집 안 정리법'을 실천해보자.

냉장고 정리, 어렵지 않다

냉장고 정리에 대해 이야기하자니 〈가우스전자〉라는 웹툰이 생각난다. 138화 '지층'을 보면, 과학책을 보던 아들이 아빠에게 '지층'이 뭐냐고 질문을 하니까, 냉동실 문을 열어 층층이 쌓인 봉지들을 보여주며 이렇게 설명한다.

"제일 밑이 작년 설날에 할머니네서 받아온 떡, 그 위가 추석에 외갓집에서 받아온 전이고, 그 위가 언제 먹었는지 모르고 넣어둔 피자… 이렇게 오랜 세월 층층이 서로 다른 흙이 쌓여있다고 생각해봐."

지금 우리집 냉동실도 별반 다르지 않으리라. 냉장고가 정리되지 않으면 돈이 새어나간다. 있는 재료를 또 사오기도 하고, 오래 전에 사놓은 재료는 먹지 못하고 버리게 된다. 어떤 재료가 있는지 모르니 배달음식과 외식에 대한 유혹을 뿌리치기 힘들다. 버리는 재료값에다 음식 사먹는 값까지, 정리 안 된 냉장고로 인해 어마어마한 돈이 낭비되는 것이다.

한 끼 식사도 하면서 냉장고까지 정리하는 법

사람들은 비싼 생삼겹살을 사다가 냉동삼겹살로 만들고, 신선한 재료들을 골라와 신선함을 잃게 만든다. 이럴 거면 아예 냉동삼겹살을 사거나 마감 직전에 반값으로 떨어지는 식품을 사오는 것이 훨씬 이득인데 말이다.

그래서 냉장고 정리 미션이 나오기 전에 하는 것이 '요리하기' 미션이다. 사람들은 이 미션이 정리랑 무슨 상관인지 의아하게 생각한다. 그러나 냉장고에 있는 자투리 음식을 활용하고서는 미션의 취지를 이해하게 된다. 간단하게 한 끼를 해결하면서, 냉장고도 비울 수 있기 때문이다.

《아파트 테라피》라는 책에서는 집 안의 오래된 기운을 내보내고 활기 넘치는 에너지를 되찾기 위한 방법으로 '요리하기'를 강조한다. 집에서 밥을 해먹으면 일찍 퇴근하게 되고, 쓰레기를 비우는 등, 집 안에서 보내는 시간을 충분히 갖게 해주기 때문이다.

봄햇살 님은 집에 있는 각종 채소와 떡을 활용해서 쫄면볶이를 만들었다. 있는 재료를 잘 조합해서 색다른 요리를 만드니 재미도 느끼고, 새로운 일에 집중을 했더니 힐링되는 느낌이었다고 한다. 있는 재료로만 요리를 하는 것은 우리 안에 있는 창조성을 끌어내는 일이므로 새로운 에너지를 주기도 한다.

> **📝 Action Plan**
>
> 지금 냉장고 안에 있는 재료들만을 이용해서 다음 끼니 때 먹을 메뉴를 계획해보세요.

냉장고 비우기

1단계 : 음식물 쓰레기 봉투 준비하기

냉장고에 뭐가 있는지 훤히 들여다 볼 수 있으려면 70%만 채우고 30%의 여유를 만들어 놔야 한다. 반찬통이 입구에 다 들어갈 정도의 큰 음식물 쓰레기 봉투를 준비해보자. 그래야 거침없이 비울 수 있다.

2단계 : 꺼내기

냉장실과 냉동실을 차례로 정리한다. 어떤 이는 냉동실 음식들을 소분하거나 옮겨 담기 위해 미리 꺼내서 해동시키라고 한다.

생물의 경우 해동시켰다가 다시 얼리게 되면 신선도가 떨어지고, 해동하면서 생긴 수분으로 인해 미생물이나 세균의 번식 위험도 있으니 추천할 만한 방법은 아니다. 기존 음식들을 최대한 빨리 소비하고, 앞으로 보관할 재료는 미리 소분해서 넣는 것이 현명하다.

Tip

냉동실 정리 방법
검정색 비닐에 쌓여 있는 식품은 투명한 지퍼백이나 클린백에 옮겨 담고, 식품의 종류(육류, 해산물, 건어물, 채소, 떡/간식, 냉동식품, 육수, 밥)에 따라 칸을 지정하고, 식품이 해동되지 않도록 냉동실 내에서 옮긴다.

3단계 : 버리기

가공식품은 유통기한을 확인해서 버리면 된다. 인터넷이나 잡지에서 식재료의 유통기한을 자세히 알려주는데, 사서 넣은 날짜를 기록해 두지 않으면 활용할 수가 없다. 육안이나 냄새로 확인해서 곰팡이가 핀 것, 썩은 것, 쉰 것은 버리도록 하자. 야채나 과일의 경우 말라 있거나, 진물이 나왔다면 먹을 수 없는 것이다. 기억에 조리한 지 오래된 반찬들은 이번 기회에 처분하는 것이 좋다.

사온 즉시 2~3일 내로 요리한다면 유통기한을 군이 외울 필요는 없을 것이다. 그러니까 대형마트에 가서 대량으로 구입하기보다는 가까운 마트에서 당장 해먹을 음식만 구입하는 것이 좋다. 우리집 냉장고는 '마트'에 있다고 생각하자.

식품별 냉장실·냉동실 유통기한

냉장실	1~2일	2~3일	3~5일	5일~1주	1~2주	3~5주
육류	닭고기 간 것 쇠고기 간 것 돼지고기 간 것	닭고기(2일)	쇠고기 돼지고기	햄, 소시지 베이컨(개봉)	햄, 소시지, 베이컨 (미개봉)	
어류 유제품	고등어 꽁치 갈치 생연어 조개 새우 굴(1일) 오징어(1일)	고등어 자반	두부	우유 리코타치즈	크림치즈 두유 요구르트	달걀 버터(4주)
반찬류	육수	양념한 고기 국, 찌개, 볶음 반찬 빵, 머핀 케이크		조림류		

냉동실	1개월	2개월	3개월	4개월	5개월	6개월
육류	베이컨	닭고기 햄, 소시지	쇠고기 간 것	돼지고기 간 것		쇠고기 돼지고기
어류 유제품	익힌 생선 훈제 연어 조개 오징어	꽁치 크림치즈 요구르트	고등어 우유 아이스크림 버터	굴		갈치 고등어 자반 새우 마른오징어 멸치 두부)
반찬류	양념한 고기 국, 찌개, 반찬 떡	케이크 머핀	빵	돈가스		

(출처 : 식품의약품안전처)

냉장고 수납하기

1단계 : 지정석 만들기

지정석이 있어야 되는 이유는 깔끔해 보이기 위해서가 아니다. 무슨 재료가 있는지 쉽게 파악하기 위해서다. 혹자는 냉장고 속 온도 차이를 고려하여 배치해야 한다고 하는데, 요즘 냉장고 성능이 워낙 좋아서 그럴 필요까지는 없다. 냉장고 정리의 핵심은 재료의 순환이므로 잘 꺼내 먹을 수 있도록 사용 빈도에 따라 배치하는 것이 가장 좋다.

▲ 사용빈도에 따라 빨리 먹어야 하는 재료나 반찬은 가장 위에, 자주 꺼내 먹는 반찬은 손이 잘 닿는 가운데에 넣는다.

냉장실 위 칸은 비워놓다시피 해야 한다. 빨리 먹어야 하는 채소류와 2~3일 내에 요리할 고기와 생선을 보관하는 것이 좋다. 가장 위 칸을 주시해서 빨리 소진시킬 수 있게 하기 위함이다. 가운데 칸에는 자주 꺼내는 밑반찬을, 맨 아래 칸에는 장류, 장아찌, 김치 등 무거운 것을 둔다.

지정석을 마련해 두더라도 두 가지 어려움이 있다. 첫째는 보관할 재료와 음식들이 많으면 비어 있는 공간 여기저기에 두게 된다는 것이다. 반전왕 님은 이를 해결하기 위한 자신만의 규칙을 만들었다.

"반찬 숫자를 제한하여 김치 외 2가지 이상 반찬을 만들지 않고, 그때그때 소량으로 준비하기가 원칙이에요. 그래서 윗자리는 항상 공간이 남아돌아요."

두 번째 어려움은 본인은 규칙을 지키는데, 가족들이 아무렇게나 넣는다는 것이다. 반전왕 님은 이 또한 꾸준한 노력으로 해결했다고 한다.

"가족들에게 칸별로 지정석이 있다는 것을 알리고 지키게 하는 데 3개월이란 시간이 걸렸어요. 아무리 잔소리해도 안 들어줄 줄 알았는데 세뇌가 되었는지 지금은 잘 지켜요."

▲ 가족들과 나 스스로가 잘 지킬 수 있도록 라벨링의 도움
이 필요하다.

막상 지정석을 만들더라도 본인조차 잘 지키지 않게 되는 경우
가 있는데, 선반이나 벽에 라벨링을 해 놓으면 된다. 가족들이 지
정석을 지키게 하는 데에도 도움이 될 것이다.

2단계 : 밀폐용기에 옮겨담기

내용물을 알 수 없는 검정 봉지채 넣어두는 건 절대 금물이다.
투명 밀폐용기에 옮겨 담아야 한다. 다양한 재질의 용기들이 시
중에 나와 있지만 될 수 있으면 유리로 된 밀폐용기를 추천한다.
위생적이며 오래 쓸 수 있기 때문이다. 옮겨 담을 때는 유통기한
이 언젠지, 어떤 음식인지 표시하도록 하자.

큰 용기에 담았던 음식물이 조금 남았다면 작은 용기에 옮겨
담는다. 그래야 공간이 절약될 수 있고, 음식도 더 먹음직스러워
보인다. 덩어리째 산 식재료나 자주 쓰는 재료는 구입 즉시 한 번

쓸 만큼 소분해 놓는 것이 좋다. 그래야 쓸 때 편리하고, 재냉동시키지 않을 수 있다.

　냉장고 소분 용기들이 시중에 많이 나와 있는데 지퍼백이 가장 편리하다. 다진 마늘이나 고기처럼 흐물흐물한 재료는 지퍼백에 담아 평평하게 펴고 눕혀 얼린 다음 세로로 세워 보관한다. 이렇

Tip

밀폐용기 소재별 특징

	플라스틱 (폴리프로필렌)	트라이탄	내열유리
특징	가볍고, 형태와 용량이 다양하나 고온에 환경호르몬 방출, 색바램이 있음.	유리처럼 투명하고, 환경호르몬 걱정이 없으며, 깨지지 않고 가벼움	유리라 위생적이며, 오래 쓸 수 있고, 오븐에서도 사용가능
온도	-20℃~120℃	-20℃~120℃	-20℃~400℃
전자레인지	O (유해성 위험)	O	O
식기세척기	X	O	O
오븐	X	X	O

게 보관하면 공간도 적게 차지하고 꺼내기도 쉽다.

3단계 : 바구니 활용하기

요즘에는 냉장고 용량이 커지면서 깊이가 깊어졌다. 그러다 보니 앞뒤로 배치하다 보면 뒤에 무슨 음식이 있는지 안 보이게 된다. 이때는 바구니에 담아서 서랍처럼 끌어주면 안쪽에 있는 물건까지 확인할 수 있다. 또 아침 식사 때 쓸 버터나 잼처럼 용도가 같은 음식이나, 끼니때마다 먹어야 하는 밑반찬들은 한 쟁반에 담으면 한번에 꺼내고 넣을 수 있다.

신선실이나 야채실에도 바구니를 활용해보자. 보통 먼저 넣은 식재료가 바닥에 깔려 보이지 않기 일쑤인데, 바구니나 우유팩으로 칸막이를 만들면 야채와 과일이 구분도 잘 되고, 찾기도 쉬워진다.

▲ 밑반찬은 한꺼번에 꺼낼 수 있게 바구니에 담아주고, 채소칸 재료들은 서로 섞이지 않도록 바구니로 구분해준다.

냉장고를 정리하는 좋은 습관

《여자의 습관》에서는 포스트잇 세 장으로 냉장고를 정리하는 방법을 소개한다.

첫 번째 포스트잇에는 '다 먹어서 다시 사야 할 것'들을 적는다. 계란이나 양파, 파, 우유처럼 기본적으로 구비되어 있어야 할 재료들이 적힐 것이다. 저자는 포스트잇에 다섯 가지 이상의 항목이 채워졌을 때 장을 보러 간다고 한다. 장을 보러 갈 때는 이 첫 번째 포스트잇만 떼어 가면 된다.

두 번째 포스트잇에는 '현재 냉장고 안에 들어 있는 음식과 식재료들을 적는다. 날김, 가래떡, 김치, 피자치즈 같은 재료들이 해당된다. 이런 재료들은 존재 자체를 잊고 있다가 썩히는 경우가 많다. 이렇게 적어두고 확인하면 오래돼서 버리는 음식이 없어지게 된다.

마지막 세 번째 포스트잇에는 냉장고 안에 있는 식재료로 만들어 먹을 수 있는 요리의 이름을 적는다. 냉장고에 김치가 많다면 김치전, 김치만두, 돼지고기 김치찜 등을 만들 수 있다. 냉장고에 재료가 있어도 바로 아이디어가 떠오르지 않으면 그저 그런 식재료가 될 테지만, 생각날 때마다 요리의 이름을 적어놓으면 메인 재료가 된다. 또, '먹을 게 뭐 있지' '오늘 뭐 먹지'라고 고민하지 않게 되기 때문에 시간낭비도 줄이고, 쓸데없이 외식하거나 배달 음식을 시켜 먹는 일도 줄어들게 될 것이다.

▲ 교육생이 보내온 냉장고 포스트잇 사진

오래전에 정리 교육을 받았던 한 교육생한테서 연락이 왔다. 포스트잇 냉장고 정리법을 최근에야 실천하게 되었는데 왜 진즉 하지 않았는지 모르겠다며, 식비를 줄이는 데 정말 많은 도움이 되었다고 고마워했다.

아는 것도 실천하지 않으면 무용지물이다. 망설이지 말고 지금 당장 포스트잇 세 장을 냉장고에 붙여보자. 냉장고의 여유를 유지시켜주고, 쓸데없는 지출을 막아 주는 부적이 될 것이다.

입을 옷이 생기는 옷 정리의 마법

〈패션리뷰〉라는 매체에서 한 달 평균 의류 구입 비용을 조사한 결과 20대 여성의 경우 약 40%가 10만 원 안팎을, 그리고 20% 정도가 20~30만 원을 소비하고 있는 것으로 나타났다. 몇 벌의 옷이 있느냐와는 별개로 소모품처럼 매달 꾸준히 옷을 구입하고 있는 것이다. 그런데 옷장 문을 열면 입는 옷보다는 입지 않는 옷이 훨씬 많다는 것을 알게 된다. 한 번 입고 처박아 놓은 옷도 적지 않다. 한 번만 입고 말 옷이라면 1만 원도 아까운데, 매달 10~20만 원을 옷 사는 데 소비하고 있다니! 지금 옷장에 있는 옷들로 한 달만 잘 입어도 10만 원을 그냥 버는 셈이다.

옷에 대한 기묘한 이야기

옷에 대한 기묘한 이야기가 있다. 여자들은(아니 요새는 남자들도) 분명 며칠 전에 옷을 샀는데도 옷장 문을 열어보고 또 입을 옷이 없다고 한탄한다. 옷장에는 옷이 차고 넘치는데 친구 결혼식에 갈 일이 생기면 더더욱 입을 옷이 없다. 아마 지금도 쇼핑을 나선 많은 사람들이 외출하기 직전에 겪은 일일 것이다.

토탈 홈 인테리어 기업 '한샘'과 시스템 옷장 개발하기 위해 1,380명을 대상으로 '한 가정 당 몇 벌의 옷을 가지고 있는가'라는 주제에 대해 설문조사를 진행했다. 조사결과 남자는 평균 125벌, 여자는 평균 185벌을 가지고 있는 것으로 조사되었다. 이렇게 많은 옷을 가지고 있는데도 늘 입을 옷이 없는 것은 왜일까?

나는 오래전부터 이 기묘함에 대해 고민했다. 그리고 한 가지 사실을 깨닫게 되었다. 옷장에 아무리 옷이 많아도 결국 입는 옷만 입는다는 것이다. 손이 가는 옷들은 아래의 조건을 충족하는

옷들이다.

- 최근에 산 옷
- 편안함을 느끼는 옷
- 다른 아이템과 어울리는 옷
- 좋아하는 색의 옷
- 디자인이 괜찮은 옷
- 유행에 뒤처지지 않은 옷
- 체형의 단점을 커버해주는 옷

《수납 다이어트》 저자 가네코 유키코는 남자는 16벌, 여자는 37벌 정도의 옷이면 충분하다고 한다. 아마 그가 충분하다고 말한 옷의 양은 위에 조건을 모두 충족하는 옷의 수일 것이다. 결국 100벌이 넘는 옷을 갖고 있어도 반도 안 되는 옷들만 번갈아 입고 있는 것이다.

이쯤에서 옷에 대한 기묘한 이야기의 전말이 밝혀진다. 여기에도 촛불 100개를 켰을 때 촛불 1개를 더 켜는 것은 의미가 없다고 느끼는 '베버-페히너의 법칙'이 작용했기 때문이다. 사람은 감각적으로 물리적 양 대신 비율 관계에 따라 구별하기 때문에 자신이 보유한 양에 비해 입는 옷은 현저히 적으므로 '옷이 없다'고 느낀다. 반대로 가지고 있는 옷들이 적더라도 모두 입을

만한 옷이라면 우리는 입을 옷이 없다는 생각은 전혀 하지 않게
될 것이다.

놈코어 스타일과 유니폼 프로젝트

놈코어란 '노멀normal'과 '하드코어hardcore'의 합성어로 꾸민 듯 꾸
미지 않은 평범한 패션을 추구하는 것을 말한다. 애플의 전설 스
티브 잡스가 운동화와 청바지, 검은색 터틀넥만 입는 것처럼 말
이다. 스티브 잡스 말고도 놈코어 스타일을 추구하는 유명인사
들이 있다. 페이스북 창립자 마크 주커버그는 회색티에 청바지만
입고, 세계적인 디자이너 칼 라거펠트는 수많은 새로운 옷들을
창조하면서 자신은 검은색 선글라스, 백발 꽁지머리, 블랙 턱시
도만을 고집한다.

나는 1년 반 전부터 청바지 세 벌과 흰색 옥스퍼드 남방 일곱
벌(긴팔 네 벌, 반팔 세 벌)을 유니폼으로 정해서 강의나 인터뷰 같은
중요한 일정 때 입는다. 그랬더니 1년에 몇 번 쇼핑을 하지 않아
도 되었고, 매일 뭐 입을지에 대한 고민도 사라졌다.

내가 유니폼 생활을 할 수 있도록 영감을 준 것은 검정 드레스
를 365일 동안 입는 '유니폼 프로젝트'를 알게 되었기 때문이다.
자본주의의 꽃이라 불리는 광고 회사에 다녔던 인도인 시나 마테
이켄은 점점 창의성이 고갈되고, 삶의 의미를 잃어버린 것 같은
느낌이 들었다. 그러던 중 좀 더 창의적이고, 가치 있는 일을 하기

위해 옷 한 벌을 365일 동안 입는 도전을 하기로 한다.

똑같은 옷을 입는다고 구질구질하거나 지루하게 사는 것이

▲ 시나는 검은 드레스 한 벌을 365일 동안 다양하게
스타일링해 입었다.

아니다. 손수 만들거나 재활용하거나 기부받은 액세서리 등으로 365가지의 각기 다른 스타일링을 선보였다. 그녀의 홈페이지(www.theuniformproject.com)에 가보면 그녀가 날마다 어떻게 입었는지 볼 수 있다. 다른 옷과 어떻게 조합하느냐, 어떤 액세서리를 착용하느냐에 따라 매일 다른 옷처럼 보였다. 옷을 없앴더니 더 많은 창의력을 발휘하게 된 것이다. 그녀의 스타일링을 보면 얼마나 옷이 많으냐가 아니라 어떻게 활용하느냐가 중요하다는 것을 깨닫게 해준다. 우리가 한 가지 옷을 구입해서 충분히 활용하지 못하는 이유는 다른 옷들과의 새로운 조합이나 멋스러운 액세서리 착용을 시도해보지 않았기 때문이다.

그녀의 도전은 세계적인 화제를 일으켰고, 인도의 빈곤층 어린이들이 교육을 받을 수 있도록 모금 활동을 하는 등 좋은 일로 연결되기도 했다. 안 입는 옷을 사는 대신 그 돈으로 더 가치 있는 일을 할 수 있다는 것을 알려준 도전이었다.

또 다른 '유니폼 프로젝트'를 실천한 사람이 있다. 뉴욕에서 아트디렉터로 근무 중인 마틸다 칼이다. 그녀는 자신만의 유니폼을 지정하여 3년 동안 매일 같은 옷을 입고 출근했다. 창의적인 일을 하면서도 자신의 개성을 드러내는 패션을 포기한 것에 대해 마틸다는 이렇게 말한다.

"창의적인 사람들은 자신이 입고 있는 옷을 통해 자신을 표현하기를 원해요. 그런데 완벽한 스타일을 만들기 위해 더 이상 고민하지 않는다면, 자신의 에너지를 다른 곳에 더 집중할 수 있다는 사실을 알게 될 거예요."

에너지는 한정된 것이므로 매사 모든 일에 창의적인 에너지를 소모할 필요는 없다. 어디에 집중하느냐는 우리의 선택인 것이다. 시간 관리 컨설턴트 리브카 캐롤린은 "단순함은 그 자체가 패션이며 많은 돈과 에너지 소비를 막을 수 있다"고 말했으며, 마크 주커버그는 "옷을 고르는 시간까지 사용자를 위해서 쓰고 싶다"고 말했다.

이들이 우리와는 다른 특별한 사람이라고 생각하는가. 우리는 잘 인식하지 못하지만 주변에 놈코어룩을 추구하는 사람들이 있을 수 있다. 똑같은 옷을 자주 입는다고 사람들이 이상하게 생각할 것 같지만, 생각만큼 사람들은 내가 입는 옷에 신경 쓰지 않는다.

어느 날 문득 오랫동안 알고 지낸 '파인드강사'의 민경환 대표가 늘 비슷한 옷을 입는다는 생각이 들었다. 같은 옷이 여러 벌인지 물었다. "회색 양복 두 벌, 셔츠는 남색, 파란색, 흰색, 체크무늬 두 벌, 코트 두 벌, 구두 다섯 켤레. 속옷도 딱 두 종류로 모두 같은 제품이에요."

대표님은 자신이 가지고 있는 아이템들을 모두 머릿속에 외우

▲ 민경환 대표의 신발들, 다섯 켤레 모두 동일한 제품이다.

고 있었다. 외출하던 길에 현관에서 찍은 사진 하나를 메신저로 보내주었는데 놀라운 광경이 펼쳐져 있었다. 사진에 찍힌 구두 다섯 켤레가 모두 동일한 제품이었기 때문이다. 어떻게 이런 생활 습관을 실천하게 되셨는지 물어보니, 괌에 잠깐 살았던 적이 있었는데 거기에서 몇 벌 없는 옷으로 지냈던 것이 자연스러워졌기 때문이라는 것이다.

패션칼럼니스트 신미경 씨는 안 입는 옷들을 처분하여 최소한의 옷만 남겼더니 돈이 모이게 되었다는 경험담을 소개했다.

● 확실하게 잘 관리하고, 자주 입고, 수명이 다하면 버린다.
● 하나 버렸으니 필요하고 마음에 드는 옷을 사러간다.
● 주저 없이 현금으로 결제한다. 옷을 자주 사지 않으니 세일할 때까지 기다릴 필요도 없고, 카드 할부는 더더욱 필요가 없다.

그녀는 안 입는 옷들을 과감히 처분한 것이 정말 잘 한 선택이라고 확신한다. 옷이 많은 것보다 최소한의 옷만을 가지고 있는 것이 그녀의 삶에 더 많은 이득을 가져다 주었기 때문이다.

옷을 비우는 방법

일단 옷을 모두 꺼내 보자. 이 방 저 방 흩어져 있는 옷들을 모두 모아야 한다. 양이 많으면 가족 구성원별로, 외투/상의/하의/양말/속옷처럼 카테고리 별로 꺼내서 하루에 하나씩 정리하면 된다. 이렇게 처치 곤란할 정도로 다 꺼내는 이유는 자신이 얼마나 많은 옷을 가지고 있는지 객관적으로 인식하고, 비슷한 소재나 디자인의 옷을 비교하면서 어떤 옷을 남기고, 어떤 옷을 버릴지 선택할 수 있기 때문이다.

▲ 집 안에 흩어져 있는 모든 옷을 펼쳐 놓아야 버릴 물건을 선별하기도 쉽고, 정리도 한 번에 끝낼 수 있다.

다 꺼냈으면 본격적으로 비우기를 할 차례다. 그동안 만난 고객들을 보면 안 입는 옷마다 버릴 수 없는 이유가 있었다.

- (해진 옷) 집에서 입을 거예요.
- (화려한 옷) 언젠가 입을 일이 있겠죠.
- (사이즈가 작은 옷) 살 빼서 입으려구요.
- (사이즈가 큰 옷) 혹시나 살이 찌면 입어야 해요.
- (교복과 같은) 추억이 있는 옷이에요.
- (불편한 옷) 비싸게 산 옷인데, 그냥 두면 안 될까요?
- (옛날에 유행한 옷) 다시 유행이 돌아올 텐데요.

안 입는 옷을 그대로 둔다면 결국 입을 옷이 없다는 핑계로 또 다른 옷을 사게 만드는 원인이 됨을 명심해야 한다. '필요' '시간' '기분' '가치'를 기준으로 버려야 할 옷에 대해 생각해보자.

필요 : 현재 입는 옷인가?

입을 일이 없는 불필요한 옷은 버려야 한다. 그런데 정리 컨설팅을 하러 가면 학교를 졸업한 지 꽤 되었는데도 교복을 갖고 있는 고객들이 있다. 고등학교를 졸업한 지 20년이 지났는데도 말이다. 이런 과거의 물건들을 가지고 있는 것은 미래에 도움을 전혀 주지 않는다. 추억을 간직하고 싶다면 학창시절을 함께한 친구들과 연락을 꾸준히 이어가는 것이 훨씬 더 의미 있을 것이다.

시간 : 입을 일이 있는가?

입을 일을 만들어야만 입을 수 있는 옷들이 있다. 가장 대표적인 것이 한복이다. 비싸게 주고 결혼식 날 하루만 입었으니 버리기 아까운 것이 사실이나, 입을 일도 없고 상자도 커서 많은 공간을 차지한다. 까치발하고 님은 결혼할 때 친정엄마가 좋은 원단으로 비싸게 맞춰주셔서 버리기를 늘 망설이다가, 11년 만에 큰마음 먹고 버렸다고 한다. 아쉬움보다 시원함이 더 컸다는 게 그녀의 소감이었다. 11년 동안 결혼식, 첫째 돌잔치, 집안 결혼식, 이렇게 총 세 번을 입었으니, 그만큼 입을 일이 없는 것이다. 그러니까 처음부터 아예 대여하는 것도 현명한 방법이다. 힘들게 한복을 버려본 사람들은 누구나 그렇게 조언한다.

기분 : 입었을 때 기분이 좋은가?

다이어트 중이신 고객들은 작아진 옷을 버리지 못한다. 그럴 때 나는 동기부여를 위해 아까운 옷 두세 개만 남기고, 과감히 버리라고 말한다. 물건은 우리 삶에 도움을 주기 위한 도구인데, 옷을 보면서 스트레스 받고, 자기 자신을 부정적인 이미지에 가두면서 우울해지면 다이어트와 건강에 전혀 도움이 되지 않는다. 살을 빼면 그때 필요한 옷을 다시 구입하자고 생각하면 된다. 그

밖에 입었을 때 감촉이 좋지 않고, 불편함이 느껴지는 옷은 앞으로도 입지 않을 가능성이 많으니 버리는 것이 좋다.

가치 : 나의 가치를 떨어뜨리지는 않는가?

옷이 날개라는 말이 있는 것처럼 옷은 외양뿐만 아니라 긍정적인 이미지와 에너지에 좋은 영향을 준다. 풍수에 의하면 옷이라는 물건은 새로운 인연을 만들어주는 물건이라고 한다. 좋은 이미지가 다른 사람과의 관계에까지 영향을 미치기 때문일 것이다. 촌스러운 옷, 질이 좋지 않은 옷, 단추가 떨어진 옷, 얼룩이나 때가 타서 지워지지 않는 옷, 목이 늘어난 옷은 나의 가치를 떨어뜨리고 초라하게 만든다.

Tip

많은 옷들을 수거함에 그냥 넣기가 아깝다면 푼돈을 벌 수 있는 방법도 있다. 헌옷을 매입하는 업체에 수거를 요청하면 kg당 300~400원 정도로 팔 수 있다. 아니면 의미 있는 일을 할 수도 있다. '옷캔'(www.otcan.org)에 헌 옷을 보내면 제 3세계 소외계층들에게 보내져 자립과 교육ㆍ위생사업에 도움을 줄 수 있고, '아름다운가게'(www.beautifulstore.org)에 기부하면 판매한 수익금으로 어려운 이웃들을 도울 수 있다. 기부 영수증도 발급받을 수 있으니 좋은 일도 하고, 소득공제 혜택도 받을 수 있다.

옷장 수납하기

만화가 천계영은 《드레스 코드》라는 만화에서 '옷장은 옷을 잘 입을 수 있는 시스템을 만드는 것'이라고 말했다. 옷을 잘 입을 수 있으려면 한눈에 볼 수 있어야 하고, 꺼내고 정리하는 데 여유가 있어야 한다. 다음 프로세스에 따라 수납해보자.

1단계 : 옷장 배치하기

가족 구성원별로 각각의 공간에 머리부터 발끝까지 모든 아이템을 넣어준다. 이 방, 저 방 옮겨 다니면서 꺼내 입다 보면 시간도 오래 걸리고, 어떤 아이템이 있는지 한눈에 파악이 되지 않기 때문이다. 요즘에는 시스템 옷장에 간이 화장대까지 설치되어 있어서, 화장과 액세서리 착용까지 한 번에 끝낼 수 있다.

계절 옷을 리빙박스에 보관하는 분들이 있는데, 안 입는 옷을 비우고 공간에 여유가 생겼다면 계절 구분 없이 모든 옷을 옷장에 보관하는 것이 좋다. 계절이 바뀔 때마다 교체하는 것도 번거롭고, 환절기에 짧은 옷과 긴 옷을 레이어드해서 입으면 일교차가 큰 변덕스러운 날씨에도 유용하게 입을 수 있기 때문이다.

2단계 : 거는 옷 정리하기

옷걸이를 통일하면 깔끔하고 정돈된 공간을 만들 수 있다. 큰맘 먹고 정리할 계획이라면 괜찮은 옷걸이로 통일하길 권한다. 옷걸이를 선택할 때는 두께가 적당하고, 튼튼한 것, 어깨 부분에 흘러내림 방지 논슬립 처리가 되어 있는 것이 좋다.

어깨가 두꺼운 양복걸이는 불필요하게 공간을 차지하고, 세탁소에서 쓰는 철사 옷걸이는 옷 형태를 잘 잡아주지 못하기 때문에 적합하지 않다. 고급스러운 느낌의 벨벳 옷걸이는 먼지가 많이 붙는다는 단점이 있다. 《심플하게 산다》의 저자 도미니크 로로는 플라스틱 싸구려 옷걸이 대신 보기에도 좋고 옷걸이가 부딪히며 나는 '딱딱' 소리도 아름다운 나무 옷걸이로 바꿔보라고 조언한다. 나무 옷걸이를 사용하면 부티크 같은 멋진 공간을 만들 수 있을 것이다.

옷걸이가 준비되었다면 원피스, 재킷, 코트, 셔츠를 걸어보자. 옷을 걸 때는 지퍼를 잠그고, 단추가 있는 옷은 상단에 단추 2개만 잠궈준다. 그래야 옷 형태가 잘 유지되며, 꺼내면서 옷이 흐트러지지 않게 된다. 처음에는 귀찮겠지만 조금만 신경 쓰면 금방 습관이 될 것이다.

원피스처럼 길이가 긴 아이템은 왼쪽이나 오른쪽, 가장 끝 쪽에 걸고, 같은 소재끼리 모아, 반팔과 긴팔을 나눠서 건다. 어떤 사람은 색상까지 구분하라고 하는데 단색, 체크무늬 정도만 먼저 구분하고, 단색이 많은 경우에는 밝은 색에서 어두운 색으로 구분해주면 된다.

3단계 : 접는 옷 정리하기

옷을 잘 개면 옷을 쉽게 찾을 수 있고, 공간 낭비 없이 효율적으로 정리할 수 있다. 옷을 접는 방법은 인터넷에 검색하면 많이 나오는데, 접는 방법의 원리는 대부분 비슷하기 때문에, 요령을

상의, 하의 정리하기

상의

- 1단계 : 소매나 카라처럼 튀어나온 부분을 안으로 접어 직사각형으로 만든다.
- 2단계 : 세로 3등분, 가로 3등분으로 접어서 작은 직사각형을 만든다.
- 완성 : 세워서 세로로 수납한다.

▲ 세로 수납하는 방향을 바꿔서 넣어주면 바구니가 없어도 정리 상태를 유지하는 데 도움이 된다.

하의

- 1단계 : 세로로 반을 접는다. 긴 바지는 세로로 접은 뒤 가로로 한 번 더 접는다. 엉덩이 부분에 꼬리뼈처럼 튀어나온 부분을 안으로 접는다.
- 2단계 : 세로로 3등분해서 작은 직사각형으로 접는다.
- 완성 : 세워서 세로로 수납한다.
- 기타 : 스타킹은 긴 바지와 동일한 방식으로 접는다.

▲ 바지 주머니가 보이게 세로 수납하면 어떤 바지인지 구분하기 쉽다.

속옷, 이불 등
<u>정리하기</u>

이불

- 1단계 : 세로를 3등분해서 긴 직사각형으로 접는다.
- 2단계 : 가운데를 기준으로 위와 아래 부분을 대문 모양으로 각각 반 절씩 접는다.
- 3단계 : 가운데를 기준으로 2등분하여 포개어 접는다.
- 완성 : 접힌 부분이 바깥으로 향하게 넣는다. 그래야 위아래 이불을 꺼낼 때 흐트러지지 않는다.

▲ 장롱 너비와 이불 크기에 따라 2단으로 넣으면 많은 이불을 넣을 수 있다.

팬티/양말

- 1단계 : 세로로 3등분해서 접는다.
- 2단계 : 가로로 3등분해서 접는다. 윗부분을 먼저 접으면 구멍이 생기는데, 그 구멍에 아래 부분을 접어 올리면서 끼워 넣는다.
- 완성 : 세워서 세로로 수납한다.
- 기타 : 사각팬티, 발목양말도 동일한 방식으로 접는다.

▲ 양말이나 팬티는 크기가 작기 때문에 바구니로 공간을 구분해주면 정리와 유지가 쉽다.

응용하기

- 팬티나 양말처럼 윗부분을 접었을 때 생기는 구멍에 아래 부분을 끼워 넣으면 튼튼하게 고정이 된다.
- 흐물흐물한 소재는 최대한 작게 접어서 단단하게 만든다.
- 옷의 길이, 옷의 두께에 따라 3등분을 2분으로 할 수도 있고, 3등분하기 전에 2등분을 먼저 할 수도 있다.
- 수납바구니나 서랍 너비에 맞게 하려면 접는 방법이나 횟수를 조절하면 된다.

알면 나만의 스타일로 변형해서 활용하면 된다. 요령을 터득할 수 있도록 몇 가지 아이템에 대해 접는 법을 소개한다.

4단계 : 옷장 개조하기

옷장은 기본적으로 선반과 서랍, 옷봉으로 이루어진다. 가지고 있는 옷이나 아이템에 따라 옷봉이 더 필요할 수도 있고, 서랍이 더 필요할 수도 있다. 몇 가지 수납도구를 활용하면 나에게 맞는 옷장 시스템을 구성할 수 있다.

옷봉 옷봉이 높을 경우 키에 맞게 압축식이나 나사식 옷봉을 추가할 수 있다. 아이들 옷은 짧기 때문에 아래에 하나 더 추가하면 옷을 두 배로 걸 수 있다. 적당한 위치에 옷봉을 추가하고 S고리를 걸어주면 모자나 가방 걸어두는 공간을 마련할 수 있다.

▲ 이불장 속에 압축봉을 설치하여 가방과 모자를 수납했다.

시스템 서랍 서랍이 없는 장에 개는 옷이 많다면 시스템 서랍을 추가하면 좋다. 플라스틱 재질로 한 칸씩 구입할 수 있다. 더 필요하면 추가 구매해서 쌓아서 쓰면 된다.

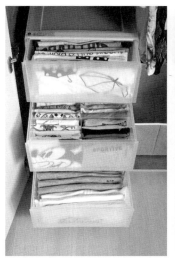 

▲ 서랍이 없는데 접는 옷이 많다면 시스템 서랍장을 추가해서 사용하면 된다.

바구니 선반에 바구니를 사용해보자. 바구니에 세로로 수납할 수 있기 때문에 더 많이 넣을 수 있고, 서랍처럼 넣고 빼는 방식으로 사용할 수 있다. 또한 옷봉에 옷을 걸고 나면 하단에는 공간이

▲ 옷장 상단에 리빙박스를 활용하면 계절용품 등을 깔끔하게 수납할 수 있다.

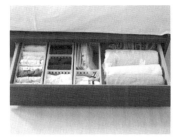

▲ 넓은 서랍에 칸막이나 바구니를 활용하면 정리 및 유지가 쉽다.

▲ 선반이나 옷장 하단에 바구니를 사용하면 접는 옷을 더 많이 수납할 수 있다.

남게 된다. 바구니를 넣어서 개는 옷이나, 양말, 스카프, 가방 등을
수납하면 남는 공간도 효율적으로 활용할 수 있다.

아이 공부 습관은 정리 습관부터 시작된다

서울 마포에 있는 아파트에 거주하는 한 고객님이 컨설팅을
의뢰한 적이 있다. 상담을 하면서 집 정리가 안 되는 가장 큰 이

유에 대해 물었는데, 망설임도 없이 남편과 아이들 때문이라는 대답이 돌아왔다. 맞벌이인데 남편은 정리를 전혀 도와주지 않았고, 아이들은 치워도 금방 다시 어지럽히고, 치울 줄을 모른다는 것이었다. 현장을 둘러보니 정리가 되지 않는 결정적인 이유는 남편과 아이들이 아님을 알게 되었다. 바로 고객님, 본인 때문이었다.

부부는 맞벌이를 하느라, 작은 아이는 가까이 사는 친정 엄마가 돌봐주고, 큰 아이는 어린이 집에 보냈다. 퇴근하고 아이들을 데려오는데, 늘 돌봐주지 못한다는 미안함에 동화책과 장난감을 사는 돈은 아끼지 않았다. 그러다 보니 집 안이 온통 책과 장난감으로 가득 차게 되었고, 수납할 공간도 턱없이 부족하게 된 것이다.

실제로 국내 완구 시장의 규모는 해마다 확대되고 있는 추세다. 핵가족이 되고, 출산율이 낮아지면서 각 가정의 아이들 숫자는 줄어들고 있지만 이와는 반대로 장난감 시장 규모는 점점 더 늘고 있다. 아이러니한 일이 아닐 수 없다. 전문가들은 장난감이 이렇게 매년 매출 신장을 이룰 수 있었던 것은 가정 내 소득수준이 향상되었기 때문인데, 요즘에는 맞벌이하는 가정이 늘어나면서 미안한 마음을 만회하기 위해 장난감을 사주는 경향이 더 짙어졌다는 것이다.

너무 많은 장난감은 오히려 좋지 않다

요즘에는 종류도 다양하고, 어른들의 눈까지 사로잡을 만큼 고급기능을 갖춘 장난감들이 나오고 있다. 장난감이 매력적일수록 아이들은 함께 놀 사람들보다 장난감에 집착하게 된다. 같이 있어도 각자 장난감만 가지고 노는 것이다. 이런 현상이 심해지면 '장난감 중독'이 된다. 서울교육대학교 곽노의 교수는 장난감을 많이 사주는 것만으로도 '장난감 중독'은 쉽게 유도될 수 있다고 경고한다.

특히 맞벌이 부부의 아이라면 사람과 노는 것이 익숙지 않게 되고, 혼자서 노는 방법을 터득하게 되기 때문에 '장난감 중독'에 빠질 가능성이 높아진다. 장난감을 사주는 것 자체를 자신에 대한 사랑과 관심의 행동으로 파악하기 때문에 장난감에 집착하고 사달라고 떼를 쓰는 경향을 보이기도 한다. 24시간 함께 있는 부

Tip

꼭 필요할 때 장난감을 사주되. 장난
감을 고를 때는 아래의 사항을 고려
해서 사주도록 하자.

● 아이 발달 수준에 맞는가?
● 상호작용이 가능한가?
● 상상할 수 있는 여지가 있는가?
● 아이가 흥미를 가지고 있는가?
● 안전한가?
● 비슷한 장난감이 있지는 않은가?
● 빌릴 방법은 없는가?
● 고장이 잘 나지는 않는가?

모라도 함께 놀아주는 시간이 없
다면 마찬가지다.

육아교육 전문가들은 아이들은
일상적인 물건을 가지고도 충분
히 재미있게 놀 수 있는 존재라고
말한다. 장난감에 투영된 자신의
정신세계로 노는 것이기 때문이
다. 아이가 갑자기 어디선가 빨대
를 발견하고는 한참을 가지고 노
는 모습을 보면 '그 말이 맞는 말
이구나'를 알게 된다. 그렇기 때문에 장난감은 많을 필요도 없고,
기능적으로 뛰어날 필요도 없다. 오히려 기능이 뛰어나고 완벽한
장난감일수록 아이의 상상력이 제한이 되고, 활동범위가 적어지
며, 다양하게 가지고 놀 수가 없게 된다.

장난감이 아무리 좋더라도 장난감은 매개체일 뿐이다. 부모와
친구들이 함께 놀 때 사회성이 높아지고, 장난감을 없앨 때 창의
력과 상상력이 높아진다. 특히 아이들은 자연 속에서 친구들과
함께 뛰어놀 때, 사회성, 창의력, 체력까지 두루두루 좋아진다는
사실을 잊지 말아야겠다.

아이방의 문제점은 무엇일까

영유아 자녀가 있는 고객이 정리 컨설팅을 요청하는 경우는 크게 두 가지다. 첫 번째는 아이방을 새롭게 꾸며주고 싶은 고객이다. 서재나 창고를 아이방으로 꾸미고 싶은데, 그 방에 있던 가구며, 물건들을 어디로 옮겨야 할지 몰라 전문가의 도움을 요청한다.

두 번째는 스트레스가 극에 달한 경우다. 장난감 때문에 집 안이 늘 어수선하고, 부모가 아이를 따라다니면서 정리를 해줘야 하는 케이스다. 이런 집에는 두 가지 문제점이 있다.

아이 물건이 분산되어 있있다

아이 물건이 거실에도, 안방에도, 아이방에도 있는 경우다. 아이 물건은 한 곳에만 두고, 원하는 장난감을 골라 갖고 놀게 하는

것이 좋다. 그래야 제자리에 갖다 놓게 교육시킬 수 있고, 집 안이 어지럽더라도 아이 물건만 아이방에 갖다 놓아도 금방 정리되는 효과가 있다.

제자리가 없다

모 교수님 댁을 정리한 적이 있다. 컨설팅을 마치고 돌아오는 길에 교수님으로부터 전화가 왔다.

"대표님, 우리 딸아이가 정리를 했어요."

목소리를 들으니 울고 계신 것 같았다. 어지를 줄만 알고, 치울 줄은 모르던 아이가 스스로 정리하는 모습을 처음 보았으니, 마치 걸음마를 처음 뗀 장면을 본 것처럼 감동을 받았던 모양이다.

아이가 스스로 치울 수 있을 때까지는 엄마가 치워줘야 한다고 생각하는 사람이 많다. 어린이집을 10년 넘게 운영했던 문홍숙 정리 컨설턴트는 두 살 된 아이도 물건을 제자리에 갖다 놓을 줄 안다고 말한다. 어린이집에서는 정리를 잘하면서, 집에서는 어지르기만 하는 이유는 어린이집에는 물건마다 제자리가 있지만, 우리집에는 제자리가 없기 때문이다.

아이 스스로 방을 정리하게 하는 방법

그렇다면, 아이가 스스로 정리할 수 있게 하려면 어떻게 해야 할까? 집 안 곳곳에 넛지를 만들어야 한다. 넛지란 '옆구리를 슬

쩍 찌른다'는 의미로 작은 개입으로 사람들의 행동을 변화시키는 것을 말한다. 남자 소변기에 파리 모양 스티커를 붙여놨더니 화장실이 이전보다 더 깨끗해졌다는 실험은 넛지 효과의 대표적인 예이다. 주로 마케팅 용어로 많이 쓰이지만, 아이가 스스로 정리할 수 있도록 집에서도 넛지를 응용할 수 있다.

제자리를 명확하게 해준다

절대 바닥이나 빈 공간에 아무렇게나 쌓아두면 안 된다. 수납 공간이 부족하면 수납가구나 수납함을 구입해서라도 제자리를 명확하게 인지시켜야 한다.

현관에서 신발을 휙 벗어 던진다면 신발 모양으로 시트지를 오려 신발장에 붙여놓는다. 모양에 맞춰 신발을 놓는 재미도 있고 오른쪽과 왼쪽을 구분하게 할 수도 있다. 늘 아무렇게나 두는 자전거나 자동차도 마스킹 테이프로 주차장 표시를 해주면, 아이들이 주차하는 것을 놀이처럼 생각하고 좋아하게 된다.

아이의 옷을 주우러 다닐 필요 없이 욕실에 빨래 바구니를 두어 벗은 옷은 즉시 담을 수 있게 하자. 골대모양이면 더욱 좋다. 물놀이 장난감은 물기가 잘 빠지는 구멍 뚫린 바구니나 빨래망을 이용해서 놀이 후 바로 담는 습관을 들여 준다.

아이 스스로 정리할 수 있게 하려면 라벨링은 필수다. 투명박스에, 보기 좋게, 예쁘게 라벨링을 해주면 효과가 더욱 좋다. 서랍

▲ 아이 스스로 정리할 수 있게 하려면 라벨링은 필수다.

이나 수납함 앞에 손바닥만 한 크기로 붙여 준다. 아이가 아직 글씨를 모른다면 그림으로 그려 라벨링을 해주면 된다.

눈높이에 맞는 수납장을 활용한다

전집과 동화책으로 가득 메운 책장이라도 아이의 눈높이 이상의 책은 보지 않을 가능성이 높다. 5단 서랍장 가장 윗칸에 있는 장난감을 꺼내려면 늘 엄마를 귀찮게 해야 된다. 아이가 일어섰을 때 가슴 아래의 높이가 물건을 넣고 빼기에 가장 적당하다. 아이의 눈높이에 맞게 정리해야 아이 스스로 원하는 물건을 꺼낼 수도 있고, 다시 넣을 수도 있다. 리빙박스처럼 너무 큰 수납함에는 장난감이 많이 들어가다 보니 무거워지기 때문에 아이들이 꺼내고 옮기기가 어렵다. 아이들이 운반하기에 가볍고, 적당한 사이즈를 선택해야 한다.

집중이 잘 되는 공부방 만드는 방법

'웰스터디'의 대표이자, 공부환경 조성 전문가인 임한규 대표는 책상 위치만 바꿔도 아이 성적이 달라진다고 말한다. 비싼 돈을 들여서 예쁜 인테리어로 공부방을 꾸며주기보다, 공부가 잘되는 학습 환경을 고려해서 가구 배치나 조명, 소품에 신경을 써주는 것이 더 바람직할 것이다.

북향 방을 공부방으로 한다

직사광선이 들어오지 않아 언제나 채광이 일정한 북향 방이 좋다. 남향방은 따뜻하고 아늑해서 졸음이 오기 쉽다. 공부법 전문가 민성원 씨는 "일반적으로 온도가 21도 이상 올라가면 산소가 충분히 공급되지 못하게 돼 두뇌활동이 점차 떨어져 집중력에도 악영향을 미친다"고 말한다. 북향 방이 없다면 책상 위치를 북쪽에 두면 된다.

침대방과 공부방을 분리하자

침대와 책상이 가까우면 자꾸만 침대에 눕고 싶어지는 경향이 생긴다. 책상에 앉았을 때 침대가 보이지 않는 것이 좋다. 공간에 여유가 없거나 두 명의 자녀가 동성일 때는 하나는 침대방, 하나는 공부방으로 분리하는 것도 좋은 방법이다. 서로 경쟁의식을 느끼고 자극이 되기도 하고, 서로 공부나 학교생활에 도움을 줄 수 있기 때문이다.

컴퓨터 역시 집중력을 흐리게 하고 시간을 낭비하게 하므로 절대 책상에 놓아서는 안 된다. 컴퓨터용 자리를 따로 마련하고, 데스크탑 대신 노트북을 사용하게 하거나, 부모의 통제가 필요한 경우 거실에 두는 것도 좋은 방법이다.

책상이 중요하다

출입문을 등지게 책상을 배치하면, 심리적인 불안감을 갖게 되어 집중이 잘 되지 않는다고 한다. 창문을 정면으로 보이게 배치하면 햇빛 때문에 눈에 피로가 쉽게 오며, 바깥풍경이나 소음으로 집중력이 흐트러진다. 방의 구조상 어쩔수 없다면 창문을 블라인드로 가려주어야 한다.

책상이 크면 물건을 자꾸 늘어놓고 싶어지기 때문에 적당한 넓이의 책상이 주의집중하기에 좋다. 또한 바퀴 달린 의자는 자꾸 움직이고 싶어지므로 고정 발 의자를 이용하는 것이 좋다. 책상 위에 유리상판을 올려놓는 경우가 많은데, 유리상판이 없는 것이 학습에 도움된다고 한다. 차가운 벽이나 이불에 피부가 닿으면 잠이 잘 오는 것처럼, 유리의 냉기로 인해 졸음이 올 수 있으며, 반사된 빛이 눈을 피로하게 만들기 때문이다.

공부방이 어두우면 눈이 피로해지고, 졸음이 오게 된다. 전체 조명을 끄고 스탠드만 키는 경우도 있는데, 눈에 직접적인 자극을 줘서 이 역시 눈을 쉽게 피로해지게 만든다. 가장 좋은 것은 직접 조명과 간접 조명을 이중으로 사용하는 것이다. 즉, 천장 조명도 켜고, 책상 위에는 각도 조절이 되는 스탠드를 두는 것이 가장 바람직하다.

임한규 대표는 아이가 방에서 집중하지 못하고 다양한 공간을 돌아다니면서 공부를 하더라도 걱정할 필요가 없다고 한다. 오래 앉아 있으면 집중력이 떨어지기 때문에 이곳저곳을 돌아다니면서 공부하는 것이 효과적일 수도 있다는 것이다. 집안 곳곳에 공부할 수 있는 환경을 조성해주는 것도 좋은 방법이다.

또한 학기마다 가구 배치나 소품 위치를 변경하는 등, 방의 분위기에 변화를 주는 것도 학업에 도움이 된다고 한다. 방 안의 분위기가 바뀌게 되면 새롭게 바뀐 방에서 새로운 각오를 다질 수 있기 때문이다.

아이가 자신의 방을 좋아하게 하는 법

정리 교육에 참여한 정리 컨설턴트 오금주 씨의 따님은 고등학생 때부터 우리나라 최고의 엘리트 코스를 거쳐 현재 명문 대학원에서 의과학 분야 박사과정을 공부하고 있는 수재로, 어릴 적부터 공부도 잘하고 바른 심성을 갖추고 있어 늘 관심과 부러움의 대상이었다고 한다. 그래서 자연스럽게 주변으로부터 자녀 교육에 관한 질문을 수없이 받곤 했는데, 그녀가 일관되게 해 온 것은 가족들의 특성을 고려하여 집 안 정리정돈을 열심히 했고, 시기에 따라 아이의 의견을 충분히 반영한 공간을 만들어 준 것이었다. 대부분 고가의 학원이나 특별한 학습지 정보를 기대해서인지 뜻밖의 집 안 정리정돈의 효과에 의아해했다. 하지만 가구를 고른다거나 벽지를 바꾸어야 할 때 아이와 눈높이를 맞추는 등의 일들이 쌓이고 쌓여 서로를 존중하고 믿을 수 있는 가족이라는 울타리를 견고하게 만들어 줬음을 체험했으며, 자녀가 잘 자라주었던 것도 그 영향이었으리라는 것이 그녀의 신념이다. 정리 컨설턴트가 된 이유도 정리로 인해 체험했던 좋은 사례

들을 다른 사람들도 경험할 수 있도록 길잡이 역할을 하고 싶어서라고 말했다.

육아나 교육에 관심 있는 사람이라면 유태인 교육법에 대하여 들어 본 적이 있을 것이다. 역대 노벨상 수상자의 20%, 미국 아이비리그 학생의 25%, 세계 억만장자의 30%를 배출한 유태인 교육법의 가장 큰 특징은 태어나기 전부터 자녀를 하나의 인격체로 존중한다는 것이다. 아이 방을 꾸미는 데 아이의 의견을 묻는 것은 당연한 것이며, 부모가 자녀를 존중하고 있다는 것을 느끼게 할 수 있는 좋은 기회다. 아이의 의견을 반영할수록 아이는 자신이 쓰는 물건과 공간에 애정을 느끼게 되고, 좋아하는 공간에서는 마음 또한 쉽게 안정감을 유지할 수 있게 된다. 그러다 보면 방에 머무는 시간이 길어지고 해야 할 일을 하게 되니 공부하는 시간이 늘어나는 것은 너무나 당연한 결과가 아닐까.

수납도구도 제대로 활용해야 한다

한번은 타업체에서 정리 컨설팅을 받은 고객이 우리에게 다시 의뢰를 한 적이 있다. 방문해보니 온 집 안이 수납바구니와 지퍼백으로 도배되어 있었다. 결국 다시 수납바구니와 지퍼백을 모두 빼드리고, 정리를 다시 해드렸다. 바구니에 담겨진 물건 중에는

더 이상 사용하지 않아 버려야 할 물건도 있었고 자주 꺼내 써야 하는 물건도 있었다. 수납도구는 사용해서 편리해야 하는데 오히려 정리하는 데 방해가 되고, 사용하는 데 불편을 주었던 것이다.

컨설팅할 때 가장 많이 버리는 것 중 하나가 칸칸이 나누어진 수납 바구니다. 양말이나 속옷을 칸마다 하나씩 넣는 것인데, 나처럼 정리를 좋아하는 사람들에게는 부담이 없지만 정리를 귀찮아하는 사람들에게는 칸칸이 넣고 빼는 것이 힘든 일이다. 네모 반듯하게 접어 큰 바구니에 수납해 넣는 것이 훨씬 간편하다. 수납도구를 사용할 때는 시간, 공간, 물건에 도움이 되는지 잘 따져보고 사용해야 사용하는 의미가 있다.

시간

- 정리정돈된 상태를 유지하는 데 도움이 되는가?
- 물건을 찾거나 꺼낼 때 더 편리한가?
- 빨래바구니처럼 정리를 위한 활동을 보조하는가?

공간

- 깔끔한 시각적 효과를 주는가?
- 냉장고 전용 용기나 칸막이처럼 공간 효율성을 높여주는가?
- 빈 공간을 수납공간으로 만드는가?

물건

● 물건의 보관 상태를 좋게 하는가?

● 물건이 섞이지 않게 하는가?

수납도구가 필요할 때

수납도구가 필요한 경우는 딱 두 가지다. 물건에 자리를 만들
어 줄 때와 빈 공간을 수납공간으로 변신시킬 때이다.

이거 어디에 두지? : 제자리 만들기

물건을 새로 구입하거나 선물을 받았을 때, 이 물건을 어디에
수납할 것인가. 나는 이 순간이 정리 과정에서 놓쳐서는 안 될 가
장 중요한 순간이라고 생각한다. 더 신중히 적재적소에 두면 사
용하기도 편리하고, 정리정돈하기도 편해질 것이다. 사람들에게
는 현상유지편향이 있기 때문에 한번 정한 자리는 쉽게 바뀌지
않는다. 쓰기 편한 곳에, 보기 좋은 곳에 두어야 한다. 만약 적절
한 공간을 찾지 못하거나, 공간이 부족해서 두지 못한다면 수납
도구의 도움을 받으면 된다.

1단계 오픈형(선반이나 매다는 것처럼 보이는 수납)으로 할지, 클로즈
형(서랍이나 수납장처럼 가리는 수납)으로 할지 결정한다.

● 겉모양이 예쁘면 오픈형이 좋다.

● 자주 사용하면 오픈형이 좋다.

● 자주 사용하지 않으면 클로즈형이 좋다.

2단계 크기, 겉모양, 사용빈도를 고려하여 선반에 올려놓을지,
서랍에 넣을지, 매달지를 결정한다.

● 자주 쓰고, 겉모양이 예쁘며, 바닥이 평평한 물건은 선반이 좋다.

● 가볍고, 길쭉하고, 자주 쓰는 것은 매다는 것이 좋다.

● 자잘한 것은 서랍이 좋다.

여기를 어떻게 활용하지? : 수납공간 개조하기

수납장이나 서랍이 부족하다면 도구를 활용하여 수납공간을
창조해야 한다. 벽, 수납장 등 낭비되는 공간을 확인하여, 적절한
수납도구를 활용하면 새로운 수납공간이 탄생될 것이다.

1단계 물건을 두는 공간의 높이에 따라 수납도구를 다르게 활
용한다.

● 높은 곳 : 박스를 이용한다.

● 중간 높이 : 선반을 이용한다.

● 낮은 곳 : 서랍을 이용한다.

2단계 수납장의 정확한 크기를 측정한다.

- 줄자를 준비하고 수납장의 높이와 폭, 깊이를 측정한다.
- 수납장의 전체적인 모양과 측정한 크기는 수첩에 꼼꼼히 메모한다.

3단계 수납도구의 규격을 결정한다.
- 가로세로의 길이와 깊이를 측정한다.
- 가로가 길면 수납도구를 여러 개 사용해서 1:1, 혹은 1:1:1로 맞춘다.
- 깊이까지 딱 맞출 필요는 없다. 공간보다 짧으면 된다.
- 공간의 높이에 여유가 있으면 쌓을 수 있는 바구니나 박스를 활용한다.

활용도가 높은 기본적인 수납도구를 알면 간단하게 수납공간을 개조하거나 창조할 수 있다. 기본 수납도구에 대해 알아보자.

활용도가 높은 기본 수납도구

한 가지 용도로만 쓰이는 수납도구는 비싸기도 하고, 나중에 쓸모가 없어지면 돈을 낭비한 것이 된다. 수납도구들은 상황에 따라 다른 공간에서, 다른 물건을 수납할 때도 쓰여야 하기 때문이다. 기본적으로 사용할 수 있는 도구들만 활용해도 충분하다.

바구니, 박스

바구니와 박스는 대표적인 수납도구다. 바구니의 경우 자잘한 물건들을 보관할 수 있고, 리빙박스는 물건들이 보이지 않도록 깔끔하게 보관할 수 있다. 디바인더 역할을 해서 정리 및 유지를 쉽게 해주기도 한다.

예쁜 색상과 디자인은 인테리어 효과를 준다. 재질, 사이즈가 다양하기 때문에 관리방법이나 집 안 분위기를 잘 고려해서 선택해야 한다. 상황에 따라 더 편리하게 사용하려면 손잡이, 바퀴, 뚜껑이 달린 것을 활용하면 된다.

- 손잡이형 : 선반, 높이가 높은 곳에 사용할 때
- 망사형 : 통풍이 잘 되어야 하는 냉장고나 바구니끼리 연결해서 사용할 때
- 적재형 : 뚜껑이 있거나 홈이 있어서 위로 쌓을 수 있음. 베란다, 창고에 사용할 때
- 칸막이형 : 자잘한 물건들을 분류해서 담을 때, 주방서랍이나 화장품, 스카프 수납할 때
- 오픈형 : 서류함처럼 위와 측면이 뚫려 있는 모양. 세로 수납된 물건을 앞으로 꺼낼 때, 프라이팬 수납도 가능

지퍼백

입구를 지퍼로 여닫을 수 있다. 두께는 얇은 것부터 PVC 재질로 된 튼튼한 것도 있다. 사이즈도 아주 작은 것부터 A4용지 사이즈까지 다양하다. 투명해서 무엇이 들었는지 바로 알 수 있고, 겉면에 유성펜으로 유통기한 등을 표시하기에도 좋다. 사무실, 집

안을 정리하는 데 유용하고, 여행가방을 쌀 때도 유용하다.

- 주방 : 손질한 재료나 사용하고 남은 재료 등
- 침실 : 화장품 샘플(리무버, 스킨) 등
- 거실 : 작은 약, 전자제품 부속품, 제품 사용설명서 등
- 서재 : 영수증, 잡지 스크랩 등
- 아이방 : 작은 장난감, 퍼즐 조각, 딱지, 스티커 등
- 드레스룸 : 여행용품, 레저 소품(수영복, 수영모, 물안경) 등
- 여행 시 : 가족별 수영물품, 아이 옷, 화장품, 전자제품, 여권이나 각종 사본, 영수증 등

수건걸이, 봉, S고리

매다는 수납의 장점은 꺼내 쓰기가 쉽고, 건조하기가 쉬워 위생적으로 사용할 수 있다는 것이다. 공간의 재질에 맞춰 흡착식, 접착식, 본드식, 나사식 가운데 선택한다. 벽에 흠집을 내고 싶지 않다면 접착식이나 흡착식을 활용하면 된다. 공간의 길이, 수납할 물건의 하중을 잘 확인하고 골라야 한다.

- 현관 : 신발장 내부에 부착식 고리를 붙이면 짧은 우산을 걸어서 보관할 수 있다.
- 주방 : 하부장에 수건걸이를 달면 행주를 걸 수 있다. S고리를 달아주면 조

리도구들을 걸 수 있다.

- 옷장 : 옷장 문에 수건걸이를 설치하면 스카프, 넥타이 등을 추가로 보관할 수 있다.

케이블 타이, 벨크로 테이프

케이블 타이나 벨크로 테이프는 전선을 정리할 때 주로 활용된다. 그러나 물건을 단단히 고정하거나, 고리를 만들 때도 유용하다. 다양한 두께, 크기, 색상이 있는데, 물건의 색상과 동일해야 깔끔해 보인다.

케이블 타이는 가격이 저렴하고, 한번 묶으면 늘어나거나 줄어들지 않는 것이 장점이다. 벨크로 테이프는 일명 '찍찍이'라 불리는데, 케이블 타이와 비슷한 용도이지만 언제든 원할 때 다시 풀수 있는 게 장점이다. 소형 가전제품의 전선 정리에 유용하다.

후회하지 않는 수납도구 선택하기

마트나 생활용품점에 가면 싸고 실용적인 수납도구들이 많아서 충동구매를 일으킨다. '다이X만 가면 패리스 힐튼 부럽지 않다'라고 우스갯소리를 하는 교육생이 있었다. 그러나 아무 생각 없이 구입했다가 쓸 곳이 없거나, 치수가 안 맞아서 돈만 낭비하는 상황이 발생할 수 있다. 수납도구를 구매할 때 반드시 아래 사항을 고려한다.

필요할 때 구입하자

모든 물건이 그렇듯이 수납도구도 사고 나서 어디에 쓸지 생각하면 안 된다. 필요할 때 구입하자. 구입 전에 낭비되고 있는 수납도구는 없는지, 대체할 수 있는 것은 없는지 찾는 것도 좋은 방법이다. 안 쓰는 밀폐용기나, 튼튼한 쇼핑백은 바구니 대용으로 사용해도 손색이 없다.

치수와 하중을 고려하자

수납도구를 구입할 때 치수 확인은 필수다. 안일한 생각으로 '설마 맞겠지' 하면, 사이즈가 꼭 안 맞는다. 수납공간과 수납도구의 가로, 세로, 높이, 깊이를 꼼꼼히 체크하고 구입해야 한다. 또한 고리, 선반, 옷봉, 행거처럼 매달아야 하는 수납도구는 저렴한 것을 구입했다가 하중을 견디지 못하고 망가져서 물건이 파손되는 낭패를 볼 수 있다. 물건을 견딜 수 있는 하중도 반드시 체크해야 한다.

재질도 중요하다

패브릭은 따뜻한 느낌을 주지만 쉽게 때가 타고, 플라스틱은 차가운 느낌이지만 더러워지면 세척을 할 수 있다. 종이는 가볍지만 모양이 변형되고, 라탄은 미관상 예쁘지만 먼지가 잘 끼고 제거도 쉽지 않다. 예쁘다고 무조건 구입하지 말고 실용성과 관리방법을 고려하자.

통일성을 유지하자

바구니의 경우 여러 가지 색상과 사이즈, 모양이 있다. 다양하게 사용하면 자칫 지저분해 보일 수 있다. 같은 상품이나 한두 가지 색상, 재질로 통일하는 것이 보기에 깔끔하고 정돈되어 보인다. 대체로 화이트 색상이나 불투명 화이트 색상을 이용하면 어디에나 무난하고 깔끔하다.

팔방미인을 고르자

특정 물건만 수납할 수 있는 도구는 추천하지 않는다. 어디에 쓰여도 유용한 수납도구여야 한다. 요즘은 길이 등이 변형 가능한 트랜스포머 제품이나, 더하거나 뺄 수 있는 제품들도 많이 출시가 되고 있다.

DIY는 아무나 하는 게 아니다

파워블로거들이 재활용품을 활용하여 수납도구를 만든 포스팅을 보고 있자면 입이 떡 벌어진다. 방송에서 수납 전문가들이 안 쓰는 옷걸이나 PT병을 재활용하여 수납도구로 만드는 방법을 소개하면, 나도 한번 해보고 싶다는 욕망이 샘솟는다.

한번은 컨설팅을 갔는데 베란다에 페트병과 우유팩이 10개 넘게 쌓여 있었다. 고객님께 어디에 쓰시려고 모아두셨느냐고 물었더니 수납도구를 만들려고 했는데, 6개월 동안 모아놓기만 하고 아무것도 하지 못했다는 것이다.

그런 고객이 있는가 하면 직접 만들어서 활용한 고객도 있다. 냉장고 속에 페트병으로 만든 소스통이나, 옷장 속에 우유팩을 활용한 양말수납도구는 정리 컨설팅하면서 자주 볼 수 있는 아이템이다. 그러나 컨설턴트가 계속 사용할지를 물으면 주저 않고 버리겠다는 것을 보니, 마음에 쏙 들지는 않았던 모양이다.

수납 전문가 중에는 미적인 센스와 야무진 손을 가진 사람이 많다. 어렸을 때부터 손재주가 있다는 말을 좀 들어봤고, 여러 가지 만들기와 집 꾸미기를 취미로 즐겨하는 사람들이다. 그렇기 때문에 인테리어 소품에 견줄 만큼 예쁘고 깔끔하게 만들 수 있는 것이다.

미적 감각도 없고, 손재주도 없고, 시간도 없다면 DIY는 욕심낼 필요가 없다. 마트나 생활용품 전문점에서 판매하고 있는 수납도구를 구입하려면 돈이 드는 건 사실이지만 1,000~2,000원이면 큰 사이즈의 바구니도 구입할 수 있고, 3,000~5,000원을 투자하면 튼튼하게 오래오래 사용할 수 있는 질 좋은 도구를 구입할 수 있다. 너저분한 수납도구로 집 안 분위기를 흐리지 말고 깔끔하게 구입해서 사용하자.

노 쇼핑 프로젝트

미국의 프리랜서 작가 주디스 리바인은 크리스마스 시즌에 쇼핑백을 양손에 가득 들고 길을 나섰다가 그만 눈 섞인 물웅덩이에 넘어지고 말았다. 쇼핑백 속 물건들과 함께 진흙탕 범벅이 된 그녀는 자신에게 닥친 이 짜증스러운 상황이 모두 쇼핑 때문이라 치부하며 불현듯 결심을 하게 된다.

"이게 모두 쇼핑 때문이야. 난 이제 아무것도 사지 않겠어."

그후 그녀는 '1년 동안 쇼핑 안 하기' 프로젝트를 계획하고 실천했다. 그 체험을 담은 책이 바로《굿바이 쇼핑》이다.

정리력 100일 페스티벌 중에도 '노 쇼핑'이라는 미션이 있다. 정리 컨설팅을 의뢰하는 고객들 중에 홈쇼핑이나 인터넷 쇼핑을 즐겨하는 분들이 많았기 때문이다. 사람들은 노 쇼핑 미션이 있는 날 하루는 교통비나 식비처럼 반드시 필요한 것 외에 지출은 해서는 안 된다. 참가자들은 '노 쇼핑' 미션을 성공했을까?

낭비인가, 가치 있는 소비인가

예상대로 많은 사람이 노 쇼핑 미션을 실패했다. 각자 자신이 미션을 수행할 수 없었던 사연에 대해 이야기했다. 사람들은 노 쇼핑에 실패했지만 나는 그들이 실패했다고 생각하지 않는다. 왜냐면 참가자들은 소중하게 생각하는 것에 소신 있는 소비를 했기 때문이다. 사람들은 자신이 어떤 지출은 줄일 수 있는지, 어떤 지출은 소중하게 여기는지를 생각하게 된 것 같았다.

반전왕 님은 노 쇼핑 미션을 해야 했지만, 어머니를 뵈러 가는 길에 과일 한 봉지를 샀다. 과일을 좋아하시지만 비싸다고 직접 사 드시지는 않기 때문이다. 이날도 어머니가 좋아하는 홍시를 한 봉지 사 드렸는데, 너무나 맛있게 드셔서 기분이 좋았다고 했다.

"물건을 안 사는 거라면 성공이에요. 그런데 쇼핑이 외식
까지 포함한다면 실패네요. 직장생활로 요리할 시간이 부족
하기 때문에 외식을 자주 하거든요."

피오나 님의 사례이다. 무작정 돈을 쓰지 않는 것이 중요한 것이 아니라 우선순위에 맞게 돈을 쓰는 것이 중요하다. 그런 점에 있어서 피오나 님에게 외식은 사치나 쇼핑이 아닌 것이다. 'No 소비'가 아니라 'No 쇼핑'이므로 꼭 필요한 지출을 했다면 미션은 성공이다.

사람들은 간혹 나에게 "○○물건이 얼마나 필요할까요?"라고 질문을 한다. 그때 마다 나는 "물건들을 없애보세요"라고 말한다. 넉넉한 상태에서는 자신에게 무엇이 얼마나 필요한지를 파악하기가 어렵기 때문이다. 그러므로 가장 좋은 방법은 부족한 환경을 만들어서 적정한 양을 찾는 것이다. 돈도 마찬가지다. '노 쇼핑

데이'가 늘어날수록 하루하루 살아가는 데 돈이 많이 필요하지 않다는 사실을 깨달을 수 있게 될 것이다.

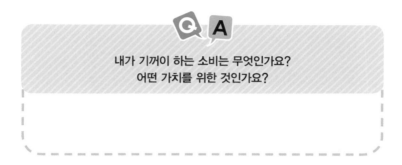

내가 기꺼이 하는 소비는 무엇인가요?
어떤 가치를 위한 것인가요?

충동구매 타파 전략

충동구매로 인해 노 쇼핑 미션을 실패한 사람들은 앞으로 동일한 실수를 반복하지 않기 위한 자신만의 전략을 세운다.

구매를 지연시킨다

첫 번째 방법은 구매를 지연시키는 것이다. 일본의 베스트셀러 《사지 않는 습관》이란 책을 쓴 저자 가네코 유키코 씨는 불필요한 지출을 줄이기 위해 인터넷에서 절대 물건을 사지 않는다. 인터넷에서는 검색만 하고 구매는 오프라인 매장에 가서 직접 보고 마음에 들면 한다는 것이다. 그렇기 때문에 커피 잔 하나 사는 데는 일주일, 옷은 몇 달, 가구를 구매하는 데에는 몇 년 이상 걸린다. 소파를 구매하는 데는 무려 5년이나 걸렸다고 한다. 이렇게

심사숙고하다 보니 정말로 마음에 드는 물건만 고를 수 있게 되었고, 물건을 고르고 선택하는 과정이 지연되다 보니 자연스럽게 돈도 아끼게 되었다는 것이다.

유키코 씨와 비슷한 전략으로 충동구매의 유혹을 이겨내는 회원들이 있다. 알뜰살뜰미밍 님은 사고 싶은 물건은 위시리스트에 담기만 한다. 지금도 위시리스트에 사고 싶은 물건이 한가득이지만, 아무 불편 없이 잘 살고 있는 것을 보면 그동안 사고 싶었던 물건들을 안 사길 잘했다는 생각이 든다는 것이다. 바다향기 님은 장바구니에 담아 놓기만 하고 결제는 하루이틀 뒤에 한다. 꼭 필요하다고 생각했던 것도 며칠 시간이 지나면 생각이 바뀌어 '그때는 이게 왜 필요하다고 생각했을까?'라는 생각이 들기 때문이다. 건이엄마 님은 사고 싶은 물건이 생기면 캡쳐만 해두는 것으로 순간의 충동을 억제한다.

정리는 '생각 없이 빠르게', 반대로 소비는 '많은 생각을 가지고 천천히' 해야 하는 법이다.

다른 일을 하면서 시간을 보낸다

두 번째는 쇼핑 대신 더 가치 있는 일에 시간을 보내는 것이다. 이 방법을 활용하면 시간도 절약하고 돈도 절약하는 일석이조의 효과가 있다.

이것좀정리해바 님은 평소에 주말이면 쇼핑하는 것으로 시간을 보냈는데 미션을 성공하기 위해 이날은 쇼핑을 하러 가는 대신 집에서 공부도 하고, 해야 할 일들을 처리하고, 저녁에 친구도 만나면서 시간을 보냈다. 쇼핑을 하지 않았더니 주말 동안 할 수 있는 일이 참 많다는 것을 깨달았다.

바커스 님은 쇼핑이 하고 싶어지면 '짠돌이' 카페에 들어간다고 한다. 카페에서 사람들이 실천하고 있는 12개월 풍차 적금 돌리기, 10만 원으로 한 달 살기, Best 추천글 등을 보면 쇼핑하고 싶은 마음이 사라진다는 것이다.

쇼핑의 유혹을 막을 수 있는 전략을 생각해봅시다.

재고를 파악하는 시간

쇼핑하는 시간을 정리하는 데에 쓰는 것은 어떨까. 집 안도 정리하고, 돈을 아낄 수 있는 방법이다.

핑크 님은 "냉장고나 옷장이 정리되니 쓸 만한 물건들이 정비되어 쇼핑은 당분간 하지 않아도 될 것 같다"고 했고, 진진아빠 님은 "노 쇼핑 미션을 성공하기 위해 집에 있는 것들을 더 효율적으로 활용해야겠다고 생각했다. 앞으로는 주말마다 노 쇼핑 데이로 만들어 집에 있는 물건들을 정리하고 재고를 파악하는 데 시간을 보낼 것이다"라고 했다. 트러스트미 님은 "이웃에게 신세질 일이 있었는데 집 정리를 해두었더니 선물할 만한 좋은 물건들이 있어서 고마움도 표현하고, 지출도 줄일 수 있었다"라고 했다.

네가 뭘 가졌는지 아는 것Knowing what you got,

네게 필요한 게 뭔지 아는 것Knowing what you need,

너한테 뭐가 필요 없는지 아는 것Knowing what you can do without.

이게 재고 관리야This is an inventory control.

영화 〈레볼루셔너리 로드〉에 나오는 대사이다. 복잡한 문제가 얽혀 인생에서 중대한 선택의 기로에 서있던 주인공은 '재고 관리'의 의미를 통해 자신이 원하는 삶을 선택한다. 마찬가지로 물건의 재고 관리는 나에게 어떤 것이 필요한지, 어떤 물건을 사야 하고 어떤 물건을 사지 말아야 하는지를 알려주는 소비의 나침반이 된다.

'느리게 살기 운동'을 하는 일본의 쓰지 신이치 교수는 요즘 사람들이 마케팅과 광고로 인해 '소비의 함정'에 갇히게 된다고 말한다. 소비를 권하는 사회에서 점점 진화하는 마케팅 전략들은 우리에게 필요하지 않은 물건들을 사도록 끊임없이 유혹하고 있다. 신이치 교수는 소비의 함정에서 빠져나오기 위한 방법으로 자신이 소유한 물품의 리스트를 작성해볼 것을 권한다. 집의 재고를 파악하게 되면 쓸데없는 물건을 안 사게 되고, 안 쓰는 물건들이 많다는 것을 인지하여 쇼핑을 조절할 수 있게 되기 때문이다. 소신 있고, 합리적인 소비자가 되기 위해서는 먼저 우리에게 무엇이 있는지 파악해야 한다.

앞서 말한《굿바이 쇼핑》에서 1년 동안 노 쇼핑 프로젝트를 실천한 주디스는 성공했을까?

많은 유혹과 어려움이 있었지만 그녀는 남편 폴과 함께 1년이라는 시간 동안 노 쇼핑에 성공했다. 노 쇼핑 프로젝트는 그들의 삶을 완전히 바꾸어 놓았다. 쇼핑하지 않은 돈으로 평상시에 관심도 없던 개발도상국 아이들을 후원하였고, 쇼핑을 하는 데 썼던 시간으로 정치 · 경제 · 사회 · 문화 분야로 활동범위를 넓혔다.

그녀는 노 쇼핑 프로젝트의 마지막 날의 소감을 이렇게 기록하고 있다.

"흥분도, 조바심도, 안심도 딱히 우리의 느낌을 대변해주지는 못한다. 오늘 나는 평온하다. 폴은 생각에 잠겨있다.

올 1년은 우리가 함께한 13년 동안 최고의 시간이었다. 우리는 함께 프로젝트를 마쳤다. 소비생활을 접으면서 폴과 나는 그 어느 때보다 사람들 앞에 많이 나선 것 같다.

하지만 우리가 사는 곳의 골목골목과 더 친밀해졌으며, 서로에게도 그러했다. 폴의 말처럼 '일상을 껴안으면서' 말이다."

시간을 투자하여
수익을 올리는
일 정리법

<u>부자들은 절대 시간 낭비를 하지 않는다</u>

　부자가 되기 위해서는 돈만 잘 써야 하는 것이 아니다. 시간을 잘 써야 성과도 올리고, 소득도 높일 수 있다. 실제로 기업체 대표님들과 미팅을 많이 하다 보니 그분들의 철저한 시간 관리를 보고 배울 때가 많다. 한번은 유명 제약회사 대표님과 함께 정리 컨설팅 상담을 하기 위해 지방 공장에 방문한 적이 있었다. 상담할 때는 늘 예상보다 시간이 오래 걸리는데, 공장을 둘러보고 미팅을 하고 식사하는 시간까지, 낭비되는 시간 없이 진행이 되어

고속도로가 막히는 시간을 피해 서울까지 편안히 올라올 수 있었다. 부자들은 푼돈도 소중하게 생각하듯 1분의 시간도 허투로 쓰지 않는다는 것을 알았다.

정리 전문가가 되기 전에 나는 시간 관리 도구를 개발하고 교육을 했던 시간 관리 전문가였다. 그러던 어느 날《단순하게 살아라》라는 책을 만나게 되었고, 그 책에서 말한 것처럼 서류, 책상, 주변을 정리했더니, 스트레스도 줄고 시간 낭비도 줄어들었다. 눈에 보이지 않는 시간을 관리하는 것보다 눈에 보이는 것을 정리했더니 실천하기도 쉽고, 실질적인 도움이 되었던 것이다. 그 뒤로 본격적으로 정리에 대해 연구했고, 정리 전문가가 되기로 결심하게 되었다.

'시간도 공간처럼 정리하면 되지 않을까?'

그러던 중 문득 시간 관리에 정리의 개념을 접목시키면 좋겠다는 생각이 들었다. 불필요한 물건을 비우는 것처럼 쓸데없는 일을 하지 않고, 물건에 제자리를 만들어 주듯이 해야 할 일을 제때, 규칙적으로 하는 것이다. 실제로 적용시켰더니 하고자 했던 일들이 눈에 보이는 성과로 나타났으며, 소중한 일들을 놓치지 않고 할 수 있게 되었다.

쓸데없는 일을 비워라

위대한 경영학의 구루 피터 드러커는 "성공의 왕도는 쓸데없는 일에 시간을 낭비하지 않는 것이다"라고 말했다. 성공하는 사람이 되는 것이 어려운 것처럼, 쓸데없는 일을 하지 않는 것도 어렵다. 왜냐하면 사람들은 자신이 얼마나 쓸데없는 일에 시간을 낭비하고 있는지를 잘 알지 못하기 때문이다.

시간 정리법에 대해 연구 중이었던 나는 정리력 카페에서 시간 정리가 필요한 직장인들에게 정리 컨설팅을 해주는 이벤트를 하기로 했다. 직장인 K씨가 도움을 요청했는데, 그의 고민은 근무시간 내내 정신없이 일을 해도 마감일을 잘 지키지 못한다는 것이었다. 계획대로 실천되는 일이 없어서 스트레스만 쌓인다고 했다.

나는 그에게 근무시간 동안 한 일들을 15분 단위로 작성할 수 있는 워크시트를 작성해 올 것을 주문했다. 일주일 후 작성한 시트를 보니, 기록하지 못한 빈 칸이 많았는데, 자신도 무슨 일을 했는지 기억이 나지 않는다고 했다. 또 중요 프로젝트를 진행시키는 일에는 시간을 거의 할애하지 않았다는 것을 알게 되었다.

미국의 사상가 헨리 데이비드 소로는 "바쁘게 움직이는 것만으로는 부족하다. 개미들도 늘 바쁘지 않은가"라고 말했다. 중요한 것은 '무엇 때문에 바삐 움직이는가'이다. 그는 분명 일주일을 바쁘게 보냈지만, 성과와 관련된 중요한 일에는 시간을 거의 쓰지 않고, 쓸데없는 일로 시간을 보낸 것이다.

시간가계부 작성의 마법

앞서 K씨에게 작성해 오도록 미션을 줬던 것은 '시간가계부'라는 것이다. 'Time Log'를 번역한 것인데, 미국에서 오래전부터 잘 알려진 시간 관리 시스템이다. 시간가계부를 작성하는 방법은 하루를 10분 혹은 15분 단위로 쪼개서 무슨 일을 했는지를 기록하는 것이다. 어디를 가든 시간가계부를 가지고 다니면서, 한 주 동

▲ 시간가계부 예시

안 일어나는 크고 작은 모든 일들을 기록해야 한다. 아침에 일어나 목욕한 시간, 아이와 놀아준 시간, 전화한 시간, 정수기 옆에서 잡담한 시간, 인터넷 검색한 시간, 잠을 잔 시간까지도 말이다.

시간가계부를 쓰는 이유는 하루 동안 내가 무슨 일을 했고, 얼마만큼의 시간을 사용했는지를 객관적으로 알기 위해서다. 컨설팅을 하려면 최소 일주일에서 한 달은 해야 의미 있는 분석이 이루어진다. 시간 정리 컨설팅에서는 삶의 우선순위와 실제 사용시간에 대해 비교하고, 차이를 줄이기 위한 솔루션을 찾는 과정이 포함되어 있다.

컨설팅을 받기 위한 것이 아니더라도 시간가계부를 작성해 보는 것은 시간에 대한 태도를 바꿔주는 좋은 경험이 되기 때문에 정리력 프로젝트나 시간 정리 세미나에 참여하는 사람들에게 반드시 제시하는 미션이다. 미션을 수행한 사람들은 공통적으로 세 가지 깨달음을 얻는다.

● 정말 중요한 일에 시간을 많이 쓰지 않았다.
● 쓸데없는 일에 시간을 쓰고 있었다.
● 그냥 흘려보내는 시간이 많다.

내가 어떤 목적이나 목표에 다가가지 못하고 있는 것은 그만큼 시간과 노력을 들이지 않았기 때문이다. 월트 디즈니의 최고

운영 책임자인 리 코커렐은 자신의 저서 《타임매직》에서 이렇게 말했다.

"시간은 소비하는 것이 아니라 투자하는 것이다. 한 번 써서 사라지는 게 아니라, 자신이 원하는 목표와 목적을 이루기 위해 투입하는 자원이다."

내가 돈을 투자를 했을 때 '얻어지는 게 있거나'(기회비용), '얻는 것이 아무것도 없거나'(매몰비용) 하듯, 시간도 마찬가지라는 것이다. 《타임에셋》의 저자 혼다 나오유키도 시간 관리를 돈을 투자하는 개념에 빗대어 설명했다.

"시간을 낭비하는 사람은 수입도 늘지 않고, 자기 시간도 가질 수 없다. 반대로 시간을 투자하는 사람은 직업적으로 큰 성과를 올릴 뿐 아니라, 불로소득처럼 생긴 시간으로 여행도 가고 가족과 보내면서 여유 있는 생활을 할 수 있다."

시간가계부를 쓰는 이유도 시간을 쓰면 사라져 버리는 소비의 개념이 아니라 투자의 개념으로 인식시켜주기 위해서다. 이것이 내가 'Time Log'를 '시간가계부'로 번역한 이유이다.

시간 도둑을 잡아라

우리의 소중한 시간을 훔쳐가고, 마음의 평화를 깨뜨리는 '시간 도둑'이 있다. 시간 도둑은 내 안으로부터, 또는 외부로부터 불쑥불쑥 찾아온다.

내부의 시간 도둑

내부의 시간 도둑은 멀티태스킹이나, 미루기, 늑장부리기, 부정적인 생각처럼 내가 가진 안 좋은 습관들이다. 어떻게 하면 내부의 시간 도둑을 잡을 수 있을까?

메모하기 메모를 하면 생각을 단순하게 만들어 주고, 잡생각을 없앨 수 있다. 오직 기록한 것에만 집중하다 보면 걱정, 두려움, 게으름도 떨쳐내게 된다.

해야 할 일, 하지 말아야 할 일 정하기 시간 관리는 곧 자기 관리다. 해야 할 일과 하지 말아야 할 일의 목록을 정리하는 것만으로도 효과적으로 시간 관리를 할 수 있다. 예를 들어, 해야 할 일로는 '매일 아침 과일 하나 먹기' '아침 산책 30분 하기', 하지 말아야 할 일로는 '커피 두 잔 이상 마시지 않기' '외식하지 않기'처럼 말이다.

이번 주에 내가 해야 할 일과 하지 말아야 할 일에 대해 적어봅시다.

해야 할 일	하지 말아야 할 일

보상하기 목표를 완수하면 스스로에게 선물을 주는 방법도 효과적이다. 목표는 실행이 가능하게끔 작게 쪼갤수록, 보상은 '30분 휴식' '카라멜 마끼아또 한 잔'처럼 구체적일수록 실행력을 높이는 데 도움이 된다.

뽀모도로 테크닉 활용하기 마지막으로 추천하는 방법은 '뽀모도로 테크닉'이다. 뽀모도로 테크닉을 활용하면 멀티태스킹이나 미루기 같은 시간 도둑을 쫓아낼 수 있고, 집중력을 향상시킬 수 있다.

뽀모도로 테크닉은 25분까지만 표시

되어 있는 타이머를 활용하는 것이다. 타이머의 눈금이 25분까지만 있는 이유는 사람이 한 번에 집중할 수 있는 시간이 25분 정도이기 때문이다. 이 타이머를 사용할 때는 반드시 두 가지 규칙을 따라야 한다.

- 오직 한 가지 일만 해야 하며, 벨이 울리기 전까지 하던 일을 멈추면 안 된다.
- 25분 뒤 벨이 울리면 5분을 맞추고 완전한 휴식을 취해야 한다.

Tip

어플리케이션 스토어에서 'pomodoro' 'tomato timer' 'Clockwork'라고 검색하면 뽀모도로 타이머를 다운로드 받을 수 있다.

이것을 계속 반복하다 보면, 집중력을 유지하면서 온전히 한 가지 일을 하는 데 시간과 에너지를 쓸 수 있게 된다.

외부의 시간 도둑들

외부에서 찾아오는 시간 도둑에는 무엇이 있을까? '오피스타임닷넷'은 600명의 전문직, 사업가, 프리랜서를 대상으로 타임킬러 10위 목록을 발표했다. 순위에는 휴대폰 통화와 문자, 소셜 네트워킹, TV 시청, 인터넷 서핑, 이메일 등이 포함되어 있었다. 모두 스마트폰으로 가능한 것이다. 시시때때로 울리는 스마트폰 알림음은 우리의 시간을 언제든 도둑질 당할 수 있는 미끼이다.

스마트폰 알림음 끄기 시간 정리 컨설팅 이벤트에 신청한 전업주부 Y씨의 시간가계부를 보니 스마트폰으로 게임이나 SNS를 하면서 무의미하게 흘려보내는 시간이 많았다. 집안일만 해도 하루가 금방 지나가서 몰랐는데 스마트폰 하는 시간이 세 시간이나 된다는 사실에 충격을 받은 듯했다. 앞으로 한 주 동안은 스마트폰을 멀리하는 대신 집 정리를 하기로 약속했다. 그랬더니 이사 후 3년 동안 정리되지 않았던 베란다가 3일 만에 깔끔하게 정리되는 놀라운 경험을 하게 되었다. Y씨는 한동안 기분이 우울하고 무기력했었는데 정리를 하고 나니 기분이 좋아지고, 일상의 활기를 되찾은 것 같다고 말했다.

요즘에는 'SNS 피로 증후군'이라는 신조어가 등장할 정도로, SNS로 인해 피로감을 호소하는 사람이 많아졌다. 《디지털 단식》의 저자인 엔도 이사오 와세다대학교 MBA 교수는 새로운 것을 창조하는 것은 삶의 현장에서 발로 뛰고 행동하는 것임을 강조하며, 정보에 집착하는 사람들에게 디지털 단식을 할 것을 권고한다. 휴식을 취할 때도 스마트폰이나 인터넷을 하면서 끊임없이 뇌에 정보를 입력하는데 휴식에 전혀 도움 되지 않는다. 산책을 하거나 스트레칭을 하는 것이 훨씬 효과적으로 휴식하는 방법이다.

스마트폰을 끊는 것이 어렵다면 SNS와 이메일 알림을 끄는 것으로 스마트폰의 유혹에서 벗어날 수 있다. 오전에 한 번, 오후에

한 번 시간을 정해 놓고 확인하는 것이다. 나의 지인은 집에서도 가족들이 스마트폰을 손에서 놓지 못하는 것을 보고, 한 가지 규칙을 만들었다고 한다. 집에 들어오면 현관 입구에 있는 파우치에 휴대폰을 보관하는 것이다. 가족들은 필요할 때만 꺼내서 사용하고, 사용 후에는 다시 파우치에 넣었다. 그랬더니 가족 간에 대화도 훨씬 많아졌고, 잠자는 시간도 빨라지게 되었다.

이 방법까지는 아니더라도 잠자리에서만큼은 스마트폰을 멀리 떨어진 곳에 두길 바란다. 잠들기 전에 스마트폰의 강렬한 빛에 노출되면 수면유도 호르몬(멜라토닌) 분비가 억제되어 수면장애가 발생한다. 스마트폰의 수면 방해가 커피보다 두 배나 강력하다는 조사결과도 있다. 최상의 컨디션으로 건강한 일상생활을 하기 위해서는 숙면이 필수라는 것을 명심하자.

📝 Action Plan

불필요한 메시지나 게시글 알림으로 인해 방해받거나
시간낭비하지 않도록 메신저 혹은 SNS의 알림 설정을 조정해보세요.

조용한 곳으로 이동하기　소음 때문에 집중하지 못할 때도 있다. 이때는 적극성을 발휘해서 조용한 공간으로 자리를 옮겨야 한다. 여의치 않다면 '백색 소음White noise'을 이용해보자. 백색 소음이란

소음으로 소음을 차단하는 것을 말한다. 진공청소기 소리, 빗소리, 동물의 울음소리, 공사장 소리 등, 의미가 없는 소음이 한데 섞이면 소음으로 인식하지 않게 되는 원리를 활용한 것이다. 카페가 아무리 시끄러워도 상대방 얘기를 잘 들을 수 있거나, 공부가 더 잘 되는 현상은 카페 소음을 백색 소음으로 인식했기 때문이다. 유럽에서는 백색 소음을 활용한 실내 장치가 사무실에 상용화될 정도로 효과가 입증되었다. 인터넷이나 어플리케이션에서 '백색 소음' 또는 'White noise'를 검색해보면 파도 소리, 장작이 타는 소리, 카페 소리, 사무실 소리 등 다양한 백색 소음을 무료로 이용할 수 있다.

거절하기 다른 사람의 부탁이나 방해를 거절하지 못해서 시간을 낭비하는 경우도 있다. 집에 가서 해야 할 일이 있는데도 친구가 만나자고 하면 할 일을 미루거나, 동료의 부탁을 거절하지 못해서 내 몸이 힘들어지거나, 해야 할 일을 제대로 하지 못하게 되는 것처럼 말이다. 이런 일을 방지하기 위해서는 거절을 잘 해야 한다. 거절을 잘 못하는 성격이라면 거절의 기술을 사용해보자.

첫 번째 기술은 '호의적인 거절'이다. 상대방에 대한 호의를 표현함으로써 기분을 나쁘게 하지 않으면서도 거절하는 것이다. 예를 들어, 메신저에서 대화를 끝내기를 원한다면 "얘기 계속하고 싶은데, 급하게 처리해야 되는 일이 생겼어. 있다 다시 연락할게"
라고 말한다.

또 다른 기술은 '한계선 정하기'이다. '한계선 정하기'란 내가
가능한 선까지만 수용하면서 거절하는 것이다. 예를 들어, 원치
않은 사람이 만나자고 했는데, 거절하기 어려운 사람이라면 이렇
게 말한다. "알겠어요, 근데 한 시간 뒤에 다른 일이 있어서 가봐
야 돼요. 잠깐이라도 괜찮으세요?" 나도 수용 가능한 만큼만 허락
한 것이니 부담이 없고, 상대방도 자신의 제안을 일부분 수용했
으니 그 이상 요구하지 않게 될 것이다.

거절을 잘 못하는 사람은 마음이 착하고 여린 사람들이다. 하
지만 거절의 의미에 대해 한번 생각해볼 필요가 있다. 어느 책에
서인가 '거절을 잘 하는 사람은 겸손한 사람이다'라는 구절을 본
적이 있다. 지금 내가 해야 할 일과 다른 사람이 부탁한 일을 모
두 잘 해낼 능력이 없음을 스스로 인정한다는 뜻이다. 상대방을
거절해야 한다는 사실보다는 들어줄 수 없는 나의 상황과 한계에
집중하는 것이 중요하다.

거절에 대한 현명한 처세는 세계의 속담들 속에서도 배울 수
있다. "단호한 거절에서는 카리스마가 느껴지고, 존경심이 생긴
다"는 미국 속담은 거절하는 사람은 냉정하고 이기적이라는 왜곡
된 이미지를 없애주며, "정중한 거절은 부탁을 반 들어준 것이나
다름없다"라는 영국의 속담은 거절을 잘 하는 것이 오히려 좋은

관계를 만드는 방법임을 깨닫게 해준다. 덴마크의 속담 "오랜 약속보다 당장의 거절이 낫다"는 말은 들어주지 못할 약속은 거절하는 것이 상대방에게도 득이 됨을 말해준다.

거절에 대한 자신의 생각을 적어보세요.
거절을 잘 못하는 성격이라면 거절해야 할 상황과
앞으로 거절을 잘 하기 위한 방법들에 대해 써봅시다.

소중한 일들로 하루를 채우는 기쁨

위대한 업적을 남긴 위인이나, 성공한 사람들은 규칙적인 생활 습관을 가지고 있었다고 한다. 모든 물건을 제자리에 두듯, 날마다 해야 할 일을 적절한 시간에 빼놓지 않고 실행했던 것이다.

세계 최고의 갑부로 알려진 빌 게이츠는 어린 시절부터 어머니께 시간 관리 교육을 철저히 받았다. 교사 출신의 어머니는 일주일치 옷을 미리 준비해서 입게 했고, 식사도 규칙적으로 하게 했다. 그가 사업가로 성공했을 때, 어렸을 때부터 익힌 규칙적인 생활 습관이 큰 힘이 되었다고 말한 적 있다. 모든 일을 계획적으로 실행하여 시간 낭비를 최소화했기 때문이다.

베토벤, 차이코프스키 등 세계에서 유명한 천재들의 일과를 살펴보면 항상 같은 시간에 일어나 식사하고, 일하고, 산책했다. 괴짜처럼 독특하고 자유로운 삶을 살았을 것 같지만, 굉장히 규칙적인 삶을 살았던 것이다. 그들이 위대한 업적을 남길 수 있었던 것은 천재이기 때문에 어느 날 갑자기 영감을 받았기 때문이 아니라, 규칙적인 삶을 살면서 꾸준히 창작의 시간을 가졌기 때문이다.

중요한 일들을 미루지 않는 방법

《원씽》에서는 시간을 '생산적인 시간'과 '관리적인 시간' 두 가지로 구분한다. 관리적인 일이란 일상적으로 해야 하는 일로, 회사에서는 업무보고나, 거래처 관리, 기계를 점검하는 일, 집에서는 설거지, 빨래, 청소하는 일 등이 해당될 것이다.

이런 일들은 때로는 지루하고, 귀찮고, 불필요하게 느껴지는 일이지만, 미루거나 제대로 하지 않을 경우 문제가 생기는 중요한 일이다. 소홀히 하지 않으면서, 효율적으로 처리하는 것이 중요하다.

무슨 일을 계획할 때 어느 정도 시간이 소요될지 예측하는 것은 중요하다. 그래야 현실적인 계획을 세울 수 있고, 계획한 대로 실천하는 힘을 기를 수 있다.

뽀모도로 테크닉은 소요시간을 예측하는 훈련을 도와주는 좋은 도구다. 먼저 종이에 해야 할 일을 적고, 그 옆에 몇 개의 뽀모도로 타이머가 필요할지 예상만큼 네모 박스를 그린다. 타이머를 돌릴 때마다 박스에 X표시를 하면 된다. 만약에 박스가 부족하다면 동그라미 박스를 추가하고, 또 다시 부족하면 세모 박스를 추가한다. 너무 많은 박스가 생긴다면 목표를 좀 더 작은 단위로 쪼갤 필요가 있다. 일을 끝내고 나서 몇 개의 박스에 표시가 되었는지를 체크하면 그 일에 소요된 시간을 알 수 있다.

해야 할 일들을 적어보고, 뽀모도로 테크닉을 활용하여 시간을 예측하고, 확인해보세요.

해야 할 일	예상하기	추가하기

예측하는 능력을 향상시키는 것은 결국 경험을 토대로 하게 된다. 어떤 일에 대해 어느 정도의 시간이 걸릴지를 예측하고, 타이머를 사용해서 실제 걸리는 시간을 측정하고, 왜 오래 걸렸는지에 대해 평가하고, 다시 알맞은 단위로 일을 쪼개고, 또 예측하면서 점점 정확성을 높이게 되는 것이다.

일 단위, 주 단위, 월 단위로 고정일과 리스트 만들기

전 직장에서 함께 일했던 디자이너가 있었다. 그녀의 컴퓨터 모니터에는 '매일 해야 할 일'이라는 포스트잇이 붙여져 있었는데, 출근하고 나서 메일 체크부터 퇴근하기 전 디자인 작업파일 백업까지, 매일 잊지 말고 해야 할 일들이 적혀 있는 것이었다. 그녀는 포스트잇에 있는 일들 중에서 하나라도 처리하지 않으면 퇴근을 하지 않았다. 작은 일이라도 그 일의 중요성을 명확히 알고 있었던 것이다. 지금까지도 일을 참 잘 했던 직원으로 기억에 남아 있다.

간단하지만 놓칠 수 있는 중요한 일을 일 단위, 주 단위, 월 단위로 만들어 실천해보자. 성공한 기업인의 경영철학 중에는 늘 "기본에 충실하자Back to the basic"라는 말을 찾아볼 수 있다. 기본을 잘 지킬수록 위기로부터 자신을 지킬 수 있으며, 성공의 기회도 찾아오게 되어있다. '비타민 먹기'부터 '가계부 정리'까지 매일, 매주, 매월 해야 할 일이 무엇인지 알고, 정성스럽게 해 나간다면 어느새 건강, 돈, 행복, 성공에 가까이 다가가 있을 것이다.

일 단위, 주 단위, 월 단위로 해야 할 고정일과 리스트를
세 가지씩 만들고, 언제 하는 것이 가장 효과적일지 생각해보세요.

	매일 할 것	매주 할 것	매월 할 것
1			
2			
3			

미루는 습관을 이겨내는 법

미루는 습관에 대해 30년 이상 연구한 임상 심리학자 윌리엄 너스는 미루는 습관을 떨치는 가장 간단한 해결책은 '지금 당장 시행하는 것이다'라고 말한다. 미루지 않고 당장 시행할 수 있는 비법으로 '5분 규칙'을 한번 활용해보자. '5분 규칙'은 두 가지 방식으로 활용된다.

첫째는 5분 안에 할 수 있는 일은 미루지 않고 바로 해치우는 것이다. 자잘한 일일수록 미루기가 쉬운데 그런 일들이 쌓이면 시간을 내어야 하는 일이 된다. 미리미리 해두면 기억할 필요도 없기 때문에 머리의 부담도 덜게 된다.

둘째는 딱 5분만 하는 것이다. 복잡하고 힘든 일일수록 시작조차 하기 어렵다. 그럴 때 딱 5분만 하자고 마음먹으면 어떤 복잡한 일이라도 일단 시작할 수 있게 된다. 막상 머릿속으로 생각할 때는 어려운 일도 뚜껑을 열어보면 간단히 끝낼 수 있는 일임을 알게 되는 경우도 있고, 5분만 하자고 마음먹었는데 1시간이 넘게 몰입하게 되는 경우도 있다.

《무조건 행복할 것》의 저자인 그레첸 루빈은 인생의 행복은 평생 미뤄왔던 일들을 다 적어보고 하나씩 해결하는 과정에 있었다는 사실을 깨닫는다. 더욱 놀라웠던 것은 미뤄온 많은 일들이 5분 정도의 시간이면 충분히 끝낼 수 있었다는 것이다. 지루하고 귀찮은 업무들을 잘 관리하는 것만으로도 우리의 삶은 달라질 것이

✎ Action Plan

현재 미루고 있는 일들이 있다면 리스트로 작성해보고,
타이머를 5분간 맞춰놓고 처리해보세요.

미룸 리스트

다. 오늘 하루 동안 미뤘던 일들을 종이에 적어보고, 5분씩만 실천해보자. 행복은 그리 멀리 있는 것이 아님을 깨닫게 될 것이다.

생산적인 시간 만들기

'생산적인 일'이란 미래에 큰 변화를 주며, 우리의 삶을 성공으로 이끄는 일을 말한다. 업무에서 매출을 증대하는 방안을 마련하거나, 관리적인 일을 줄일 수 있는 혁신적인 아이디어를 내거나, 꿈을 위해 독서나 자료조사를 하는 것처럼 말이다. 그러나 생산적인 일을 하는 것은 쉬운 일이 아니다. 자신도 모르게 관리적인 일이나 쓸데없는 일들을 하느라 시간을 보내게 되기 때문이다. 어떻게 하면 생산적인 시간을 늘릴 수 있을까?

정량적인 목표를 세우고 평가하기

복잡한 프로젝트의 결과물은 시간과 노력에 따라 달라진다. 중요한 프로젝트를 진행할 때 나는 항상 정성적인 목표와 함께 정량적인 목표도 세운다. 정성적인 목표는 말 그대로 프로젝트의 목적을 얼마나 달성하느냐이고, 정량적인 목표는 프로젝트를 위해 얼마나 시간을 쓰느냐이다.

'하루 1시간' '총 30시간'처럼 목표 시간을 설정하고, 타이머를 활용해서 매일 얼마큼의 시간을 썼는지를 기록한다. 프로젝트가 끝난 후에 기록한 시간들을 모두 합하여 목표한 시간과 비교해보는 것이다.

'공부의 신'으로 소개되는 학생들의 인터뷰를 보면 타이머를 사용했다는 내용이 빠지지 않고 등장한다. 시간 목표를 세운 학생과 세우지 않은 학생의 공부하는 데 쓴 절대적인 시간은 차이가 날 수밖에 없다. 타이머를 사용하면 '하루 1시간'처럼 매일 일정한 시간을 확보할 수 있다. 푼돈이 목돈이 되는 것처럼 1시간이 쌓이면 1만 시간이 되는 것이다.

**이루고 싶은 목표 중에 절대적인 시간이 필요한 목표가
무엇인지 작성하고, 정량적인 목표를 세워보세요.**

목표	마감기한	정량적인 목표

적절한 시간에 규칙적으로 하기

오전이 가장 집중이 잘 되는 시간이라면, 최대한 방해를 차단하고 중요한 업무에만 집중해야 한다. 인생에는 다 때가 있는 것

처럼 오늘 해야 할 일도 적절한 때에 처리해야 시간 낭비나 쓸데 없는 에너지 소모가 없다.

나는 몇 개월 전부터 매일 아침 운동을 하는 것으로 하루를 시작했다. 강의나 정리 컨설팅처럼 특별한 일이 없다면 그 다음 스케줄은 책을 쓰는 것이었다. 그런데 일주일 정도를 그렇게 보내고 나니 책을 쓰는 일에 집중할 수 없고, 인터넷 기사를 읽거나, 다른 업무를 하고 있다는 것을 깨달았다. 다시 책 쓰기에 집중을 하려 해도 몰입이 잘 안 되고 진도가 나가지 않는 것이다.

이 사실을 알고 나서 오전에는 책 쓰는 일에 몰두하고, 운동은 하루 일과를 모두 마친 뒤 저녁에 했다. 그랬더니 몰입이 훨씬 잘되었고, 그전에 비해 많은 양의 글을 쓸 수 있었다. 아침에 운동하

앞서 작성했던 고정일과 리스트를 참고하여 언제 가장 효율적이고 효과적으로 처리할 수 있을지 생각해 봅시다.

고정일과	처리할 적절한 시간

는 것이 힘들거나 한 것은 아니지만, 운동 후에는 어느 정도 휴식이 있어야만 창의적인 일이 가능하다는 것을 알게 된 것이다. 하루에 해야 하는 일들을 효율적이고, 효과적으로 하기 위해서는 언제 그 일을 하느냐도 굉장히 중요하다는 것을 깨닫게 되었다.

자투리 시간도 소중하게 쓰기

시간가계부를 작성해보면 하루에 이동하는 시간이 꽤 많다는 것을 알게 된다. 예전에는 지하철에서 책을 읽는 사람들을 쉽게 찾을 수 있었는데, 요즘은 스마트폰을 보고 있는 사람들이 많아졌다.

《부자 되는 습관》의 저자 토마스 C. 콜리는 223명의 부자와 128명의 가난한 사람을 대상으로 습관에 대한 연구를 했다. 그랬더니 매일 30분 이상씩 책을 읽는다고 답변한 부자들은 88%나 되는 반면, 가난한 사람들은 2%에 불과했다.

인생은 매 순간 무엇을 할 것인지에 대한 선택으로 이루어진다. 똑같은 시간을 보내면서 어떤 사람은 게임으로 흘려보내고, 어떤 사람은 책을 읽는 시간으로 보낸다면 누가 부자 될 가능성이 더 높을까?

자투리 시간을 찾아보자 어떤 때 자투리 시간이 생기는가. 하루에 몇 분이나 자투리 시간이 있는가. 출퇴근 시간 지하철에서 30분씩,

아침 출근 후 10분, 약속 시간에 친구가 늦을 때 15분 정도 등 생각나는 대로 한번 적어보자. 이렇게 적어놓으면 자투리 시간이 생겼을 때 가치 있게 활용해야겠다는 의식이 생길 것이다.

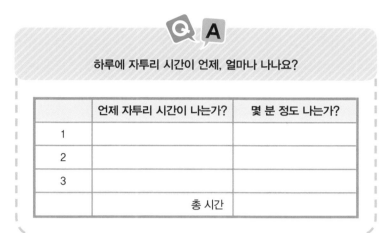

하루에 자투리 시간이 언제, 얼마나 나나요?

	언제 자투리 시간이 나는가?	몇 분 정도 나는가?
1		
2		
3		
	총 시간	

자투리 시간에 할 일 목록을 적어보자 자투리 시간에 하면 좋을 만한 일들을 적어보자. 일정 확인하기, 가계부 작성하기, 책 읽기, 스트레칭하기, 가족들에게 안부 전화하기, VIP 인맥의 SNS에 방문하여 댓글로 관심 표현하기 등은 어떨까? 나는 요즘 자투리 시간이 날 때마다 오디오북을 듣고 있다. 책 없이도 책을 읽을 수 있고, 듣기 훈련도 할 수 있기 때문이다. 자투리 시간을 활용할 때는 매번 다른 일을 하는 것보다는 한 가지를 꾸준히 실천하는 것이 효과적이다.

베이컨은 "시간을 선택하는 것은 시간을 절약하는 것이다"라는 말을 한 적이 있다. 자투리 시간에 무엇을 하기로 선택하겠는가? 그 선택이 당신의 삶을 더욱 생산적으로 만들어 줄 것이다.

자투리 시간에 할 수 있는 일은 무엇일까요?
무엇을 하는 것이 가장 가치 있게 쓰는 걸까요?

우리의 삶은 우리가 어떤 일에 시간을 쓰느냐에 따라 달라지게 된다. 우선순위에 따라서만 삶을 산다면 어떤 일이 생기게 될까? 잘하고 싶은 것을 더 잘하게 될 것이고, 행복과 기쁨도 더 많이 느끼게 될 것이다.

그러나 눈에 보이지 않는 시간을 관리한다는 것은 어려운 일이다. 매 순간 정신을 차리고 있지 않으면 시간을 어디에 어떻게 썼는지 알 수 없다. 그러나 시간을 정리의 개념으로 받아들이고 나서부터는 시간 관리를 어렵게 생각할 필요가 없다는 사실을 깨닫게 되었다. 매 순간 쓸데없는 일에 낭비하지 않으며, 소중한 일에 시간을 쓰고 있다고 확신하면 되기 때문이다.

정리하지 않은 정보는 제값을 못한다

현대인에게 정보는 곧 돈이고, 시간이고, 경쟁력이다. 그러나 누구나 인터넷에서 쉽게 찾을 수 있는 정보를 무작정 많이 저장해 두는 것은 아무 의미가 없다. 속담 중에 '구슬이 서 말이어도 꿰어야 보배다'라는 말이 있듯이, 나에게 필요한 정보들만 뽑아서 구슬 반지라도 꿰어야 하는 것이다.

업무성과를 높여주는 컴퓨터 파일 정리

컴퓨터는 필요한 정보를 언제든 꺼내서 작업할 수 있는 업무의 플랫폼이 되어야 한다. 그래서 불필요한 정보는 바로바로 삭제하고, 잘 찾을 수 있는 것이 중요하다. 그것이 바로 성과를 내고, 자신의 일에서 성공할 수 있는 비결이다.

디지털 메모 도구인 에버노트의 전도사이자 《에버노트 라이

프》의 저자 홍순성 씨는 시간적 효율성이라는 측면에서 정보를 정리해야 한다고 말한다. 자신에게 필요한 정보를 최대한 빠르고 정확하게 잡아낼 수 있도록 필요한 정보만 의미있게 분류하고, 필요할 때 꺼낼 쓸 수 있도록 '적재적소'에 두는 것이다.

1단계 : 파일 삭제하기

가장 파일이 정리되지 않는 곳은 아마 다운로드 폴더와 바탕화면일 것이다. 방치된 파일의 양이 어마어마하기 때문에 그중에서 남겨야 할 파일만 선별해서 버리는 것도 적지 않은 시간이 걸린다. 중요 파일과 버릴 파일을 빠르게 구별할 수 있는 나만의 방법이 있다. 쓰레기를 분리수거하듯이 파일을 분리수거하는 것이다. '파일 분리수거'란 '형식 순→시간 순'으로 정렬 후 삭제하는 방법을 말한다. 이렇게 하면 동일한 파일 중에 최종 파일을, 남겨야 할 최신 파일을 쉽게 구분할 수 있다.

- 마우스 오른쪽 버튼을 클릭하여 '아이콘 순서 정렬' 중 '형식'을 선택하여 형식별로 정렬한다.
- 형식별 폴더(엑셀, PPT, 한글 · 워드, 사진 등)를 각각 한 개씩 만들어 유형에 해당하는 파일을 각 폴더로 옮긴다.
- 각 폴더 내에서는 '시간'을 기준으로 다시 정렬한다.
- 최근 파일부터 빠르게 스캔하면서 불필요한 파일을 삭제해 나간다.

파일 정리를 잘하는 사람도, 파일 정리를 하지 않는 사람도 결국에는 검색을 통해 파일을 찾는다는 조사가 있다. 파일명을 잘 관리하면 정리가 완벽하지 않더라도 '시작' 버튼에 나오는 검색 기능을 통해 원하는 파일을 쉽게 찾을 수 있다. 아래 규칙에 따라 파일명을 효과적으로 관리해보자. 가지고 있는 파일 이름을 모두 바꾸려면 시간이 오래 걸릴 것이다. 오늘 사용한 문서부터 새로운 파일규칙을 적용하여, 습관이 되도록 하는 것이 중요하다.

- 파일명 구성 : 파일의 성격에 따라 문서 제목에 날짜, 버전, 히스토리, 대상 등의 항목을 적절하게 넣는다. 이름정렬이 기본이므로 항목의 순서를 동일하게 해주어야 한다.
- 날짜 넣기 : 매일 또는 정기적으로 쓰는 문서의 경우 '월간보고_1601', '업무일지_160102'처럼 날짜를 넣는다.
- 버전 넣기 : 계속해서 자료가 업데이트되는 문서에는 버전을 넣어준다. 예를 들어, 세 번째 업데이트된 회사소개서라면 'OO회사소개서_V3'처럼 버전 Version의 약자인 V와 수정회차인 3을 써준다.
- 히스토리 : 최종본이 나오기 전까지의 과정에 대한 히스토리가 남아 있어야 하면 '홈페이지_기획안_초안' '홈페이지_기획안_피드백1' '홈페이지_기획안_수정1'처럼 수정 및 피드백에 대한 단계를 숫자로 표시해준다. 그리고 최종으로 확정되면 마지막 파일을 '홈페이지_기획안_최종'으로 수정한다.

● 대상 넣기 : 같은 포맷의 문서를 대상에 따라 커스터마이징할 경우 대상명을 넣는다. 예를 들어, 같은 견적서를 회사별로 저장할 때는 '상품A_견적서_○○회사' 식으로 대상명만 바꾸어 주면 된다.

파일명을 길게 하면 풀 네임이 보이지 않아 불편할 수도 있다. 예를 들어, 상품 견적서 파일명을 '주식회사베리굿_심플라이프서랍장5단_견적서_스마트(주)_151230'라고 작성했다고 하자. '주식회사베리굿'이라는 본인의 회사명과 '151230'이란 날짜는 파일명에 없어도 문서 내용에서 찾아볼 수 있다면 삭제해도 된다. 또 'SL5단_견적서_스마트'처럼 알아보기 쉬우면서도 간결하게 줄이는 것이 좋다. 내부용 문서의 경우 영문 약자를 활용한다면 더 효율적으로 파일명을 관리할 수 있을 것이다.

3단계 : 폴더 정리하기

불필요한 하위 폴더가 많다면 파일을 찾는 데 비효율적일 것이다. 자주 사용해야 하는 파일들은 최대한 접근성이 좋도록 실용적인 폴더체계를 만들어야 한다. 자주 사용하는 순서로 폴더를 정렬하는 것도 좋은 방법이다. 폴더명 앞에 '01'부터 번호를 매기면 된다. 갑자기 중요한 프로젝트가 생겨서 해당 폴더를 가장 앞에 정렬되게 하려면 폴더명에 '01'이나 별표 같은 특수기호를 붙이면 해당 폴더가 맨 앞으로 정렬될 것이다.

기존과는 전혀 다른 새로운 체계를 잡고 싶다면 '밀어내기 파일링 시스템'을 사용해보자. 최근 열어본 파일, 최근 만든 파일부터 새 체계를 따라 파일명, 폴더명을 정리하는 것이다. 이렇게 하면 기존 폴더에는 사용하지 않는 파일들만 남게 될 것이다. 기존 폴더는 폴더명에 유효기간을 넣어놓고, 기간이 지난 후에 삭제하거나, 클라우드나 외장하드에 백업해두면 된다.

4단계 : 바탕화면 정리하기

캘리포니아대학교 산타크루즈 캠퍼스의 스티브 위태커 교수를 비롯한 연구진은 전전긍긍하는 성격을 가진 사람은 컴퓨터 바탕화면에 파일들을 펼쳐 놓을 가능성이 높은 반면, 꼼꼼하고 성실한 스타일인 사람은 파일을 깔끔하게 정리해놓을 가능성이 높다는 사실을 발견했다. 바탕화면만 봐도 이 사람이 일을 잘하는 사람인지, 못하는 사람인지를 알 수 있는 것이다.

내 컴퓨터 바탕화면에는 프로그램 아이콘 외에 딱 두 가지 폴더만 있다. '진행 중'과 '참고자료'이다. 아직 작업이 끝나지 못한 파일은 '진행 중', 참고자료들은 '참고자료' 폴더에 넣는다. 작업이 완료되면 완성된 파일은 '진행 중' 폴더에서 '내문서' 폴더에 옮기고, '참고자료' 폴더 속 파일들은 삭제하면 된다.

바탕화면과 다운로드 폴더는 틈틈이 정리하기 때문에 따로 시간 내서 정리하지 않는다. 정신없이 바빴던 날은 퇴근하기 전 5분

간 정리하는 시간을 갖는다. 이렇게 정리하면 다음날 기분 좋게
일을 시작할 수 있다.

클라우드를 활용하자

USB 분실이나 외장하드의 고장 위험이 없는 클라우드 서비스
를 잘 활용하는 것도 정보 정리에 도움이 된다. 클라우드란 인터
넷과 연결된 중앙 컴퓨터이다. 인터넷에 접속만 하면 어디서든
데이터를 이용하고 저장할 수 있다. 컴퓨터, 스마트폰, 테블릿PC
등 다양한 기기에서 사용할 수 있고, 다른 사람들과 공유도 쉽게
할 수 있다.

클라우드 중에서도 '에버노트'라는 어플리케이션을 추천한다.
에버노트는 다양한 기능으로 정보를 정리할 수 있게 해주고 활용
도 수월하게 해준다. 웹, PC, 스마트폰 어디서나 접속 가능하며,
사진, 단문, 장문 텍스트, 파일, 웹 기사, 음성녹음 등등 다양한 종
류의 정보를 저장할 수 있다. 검색기능도 훌륭하다. 텍스트는 물
론 PDF나 그림 파일에서도 원하는 텍스트를 검색할 수 있다. 분
류 및 태그 기능을 통해 키워드와 관련된 자료를 모아 볼 수 있어
서 정보들을 의미 있게 활용할 수 있다.

이메일 정리하기

이메일 정리를 못하는 유형을 분류해보면. 첫 번째 유형은 정

보집착형이다. 읽지 않은 뉴스레터와 광고메일이 수백 통에 이른다. 두 번째 유형은 기본설정형이다. 자동분류, 폴더생성, 스팸설정 등의 기능을 사용할 줄 모른다. 마지막 유형은 함흥차사형으로, 메일 확인은 번개처럼 빠르면서 업무처리나 회신은 미루고 미루다가 결국에는 잊어버린다.

이메일 사용은 업무 태도나 역량까지도 영향을 미칠 수 있다. 업무 습관까지 개선하는 메일 정리 방법에 대해 알아보자.

1단계 : 메일함 정리하기

몇 년 전 모니터링사이트인 '로열 핑덤'이 조사한 결과 한 해 이메일 발송 건수는 무려 107조 건이나 된다고 한다. 정리하고 돌아서면 쌓이는 것이 메일인 것이다. 단순히 메일함을 '0'으로 만드는 것이 아니라 쓸데 없는 메일이 쌓이지 않게 하는 것이 중요하다.

개인/업무 메일은 확실히 나눈다 개인메일과 업무메일을 함께 사용하는 사람이 있다. 같이 사용하면 각종 뉴스레터로 인해 업무 집중도가 떨어지고, 잘못하면 악성코드에 감염되어 자료들이 날아갈 위험이 있다. 또 퇴사 후에 개인정보가 노출될 수 있고, 계정이 사라지면서 중요한 메일을 받지 못할 수 있다. 그러므로 개인용 메일과 업무 메일은 구분해서 사용해야 한다.

뉴스레터를 해지하자 읽지 않고 쌓여만 가는 뉴스레터가 있다면 하루 날 잡고 수신거부나 스팸처리를 하자. 수신거부를 하려면 홈페이지에 재접속해야 하는 등 번거로움이 많으니 애초에 수신거부를 하는 것이 좋다. 요즘은 기업마다 상품을 더 많이 판매할 목적으로 자동으로 수신이 설정돼 있게 하거나, 잘 보이지 않는 곳에 안내해 놓는 경우도 있다. 가입할 때 잘 확인해야 한다.

폴더/라벨을 붙이자 혹시 메일함을 '받은편지함' 하나로 사용하고 있는가? 컴퓨터 파일처럼 폴더나 라벨로 메일을 관리해보자. 발신 부서, 발신인, 혹은 업무 별로 만들면 중요 메일을 놓치는 실수를 줄일 수 있고, 메일을 찾기도 쉽다. 요즘은 발신인에 따라 자동으로 분류할 수 있으니 따로 정리할 필요가 없다.

2단계 : 메일 정리를 위한 좋은 습관

정리가 안 된 메일은 본인한테만 스트레스가 아니다. 메일을 보지 못하거나 회신이 늦어지면 다른 사람에게도 스트레스를 줄 수 있고, 무시당했다는 느낌을 줄 수도 있다. 이런 일이 여러 번 반복되다 보면 '일을 못하는 사람'으로 낙인찍히는 것이다. 메일 정리의 핵심 두 가지는 원하는 메일을 빠르게 찾는 것, 그리고 메시지에 담긴 필요한 작업들을 빠짐없이 처리하는 것이다.

하루에 두 번만 확인한다　캘리포니아주립대학교 글로리아 마크 교수가 이끄는 연구팀에 따르면 직장인들은 메일함에 중요한 메시지가 왔는지 신경 쓰느라 다른 업무를 하는 중에도 계속 스트레스를 받으며, 잦은 이메일 체크는 업무효율을 떨어뜨린다고 한다. 습관적으로 메일을 확인하는 것은 업무에 방해가 된다. 오전과 오후 한두 번씩만 확인하는 것이 좋다. 메일의 특성상 확인이 늦더라도 수신인의 잘못은 아니다. 급하고 중요한 업무라면 전화가 오거나, 메일을 확인해 달라는 문자가 올 것이다.

즉시 처리할 수 없을 때는 임시보관함을 활용한다　바로 회신하지 않아도 되는 메일이라면 '회신' 버튼을 누르고 저장하면 임시보관함에 저장된다. 일단 저장을 해놓은 뒤 진행 중인 중요한 업무를 먼저 처리하고, 여유 시간이 나면 회신하자. 발신인을 배려하려면 '급한 업무를 처리 중이니, 마친 후 오후쯤에 회신 드리겠습니다' 하고 짧게 답변을 보내두면 된다.

장문의 메일을 삼가한다　긴 메일을 보내지 않는 것이 상대에 대한 배려다. 반대로 생각하는 사람이 있는데 장황한 메일은 요점도 파악하기 어려울 뿐만 아니라, 답신하기에도 부담스럽다. 간결한 제목, 간단하고 센스 있는 인사말, 정확한 정보를 전달하는 게 좋다. 진행 중인 업무에 관련한 메일이라면 새 메일로 쓰기 보다는 이전 메일에 답장/전체답장 기능을 이용하는 것이 서로의 메일 정리에 도움이 된다.

2분 안에 처리 가능한 것은 즉시 처리한다 메일 정리도 집안 정리와 비슷하다. 물건을 사용한 즉시 제자리에 놓아야 큰 일거리가 되지 않는다. '처리해야지' '회신해야지'라고 생각만 하고 있는 것은 무의식중에 스트레스가 되고, 처리해야 할 일을 눈덩이처럼 크게 만든다. 2분 안에 처리할 수 있다면, 곧 바로 처리하는 것이 효율적이다. 본인이 직접 할 필요 없는 일이라면 다른 사람에게 위임하는 것도 좋은 방법이다.

직장생활을 하면서 기억에 남는 직원이 있다. 그 직원은 메일을 메신저처럼 사용했는데, 전화통화나 대면해서 해도 될 것을 메일을 보내서 회신을 기다렸다. 메일의 본질은 소통이라는 점을 잊지 말아야 한다. 하루 종일 컴퓨터 앞에서 메일함만 들락날락하지 말고, 상사와 진행 중인 프로젝트에 대해 얼굴을 마주하며 대화를 나누는 것이 일의 진행이나 관계에 효과적일 수 있다.

소중한 시간을 추억하는 사진 정리

정리 컨설턴트인 나도 정리를 하지 않는 것이 몇 가지 있었다. 그중 하나가 바로 '사진'이다. SNS에 올리는 일 외에는 사진을 쓸

일도 볼 일도 없었으므로 사진은 아예 정리하지 않기로 했던 것이다. 하지만 나에게도 사진을 정리해야겠다는 결심을 하게 되는 계기가 생겼다. 딸아이가 태어나면서 아이의 성장과정을 잘 정리해 두고 싶다는 생각이 들었기 때문이다.

어떻게 하면 사진 정리를 잘 할 수 있을까를 고민하다가 사진 정리의 두 가지 원칙을 깨닫게 되었다. 포토북을 만드는 것이든, SNS에 올리는 것이든, 결과물에 대한 명확한 목표가 있어야 한다는 것과 사진을 정리하기 위한 시간이 필요하다는 것이다.

1단계 : 폴더 만들기

사진 정리는 폴더를 만드는 것부터 시작된다. 폴더명을 정할 때는 '시간Time'과 '사건Event'이라는 기준을 적용시킨다. '150726_괌여행', '150820_어머니생신'처럼 날짜와 함께 이벤트명을 넣어주면 된다. 그 다음 상위 폴더를 만들어서 알맞게 분류한다. 일반적으로 '연도별 〉 (월별) 〉 150726_괌여행'으로 폴더를 구성하면 된다. 몇 가지 주제 중심으로 정리를 하고 싶다면 '맛집탐방' '우리 딸' '강아지' '해외여행' '국내여행' 등의 키워드를 나누고 '해외여행 〉 150726_괌여행'처럼 구성해도 좋다.

2단계 : 잘나온 사진 추리기

너무 많은 것은 없는 것이나 마찬가지다. 볼 사진이 많으면 꺼내 볼 엄두도 나지 않게 되므로, 베스트 컷을 선별해두는 것이 좋다. '한 번에 버리기'에서 말했던 것처럼 버릴 것을 고르는 게 아니라 남길 사진을 골라야 한다. 몇 장을 남길지를 정하면 고르기가 훨씬 쉬울 것이다. 일상에서 꾸준히 사진을 찍는 편이라면 한 달 단위로 남길 사진의 개수를 정하자. 일본에서 '아이 사진 정리법'으로 화제가 된 정리 컨설턴트 에미Emi는《바쁜 엄마도 쉽게 하는 내 아이 사진 정리법》이란 책에서 '한 달에 딱 사진 11장만 고르자'고 제안한다. 그렇게 정한 이유는 매달 지속적으로 정리하기엔 적지도 많지도 않은 양이라는 것이다. 나에게 정리하기 적지도 많지도 않은 양은 몇 장일까? 요즘은 포토앨범을 만드는 경우가 많은데, 제작할 앨범의 구성을 고려해서 들어갈 사진 개수를 기준으로 삼아도 좋다. 베스트 컷을 고를 때는 가장 최근 것부터 정리하는 것이 좋다. 기억이 가장 선명하기 때문에 만족스러웠던 사진들을 빠르게 골라낼 수 있다.

3단계 : 앨범 제작하기

'제주도 여행' '돌잔치' 같은 이벤트나, '2014년' '2015년'처럼 한 해, 한 해마다 포토북으로 제작해 놓으면 소중한 추억을 손쉽게 꺼내 볼 수 있다. 그동안 모아두기만 했던 방대한 양의 사진을 앨범으로 만들고자 하면 F사의 '이어 앨범'(www.year-album.co.kr) 서비스를 이용해보자. 사진 데이터의 정보를 분석해 우수한 화질의 사진을 선별하고, 주인공이 가장 돋보이는 레이아웃으로 자동으로 편집해주어 5분만에도 포토북 한 권을 제작할 수 있다. 또 한 군데 업체에서 통일된 스타일로 제작하면 보기에도 좋고, 무엇보다 적립금이 쌓여서 다음에 제작할 때 혜택을 받을 수 있다.

어느 날 지인 S와의 만남을 위해 약속 시간을 맞추던 중이었다. 여름휴가 사진을 정리해야 되서 이번 주에는 시간이 안 된다고 했던 것이 인상 깊었다. 그 뒤로 시간이 흘러 그녀의 집에 초대받은 일이 있었다. 집을 구경하던 중에 책장 한 칸이 포토북으로 꽉 채워져 있는 것을 발견했다. 일전에 사진 정리를 해야 해서 시간이 없다고 말했던 것이 생각났다. 날짜별로 쭉 나열된 포토북은 마치 한 가족의 역사를 담은 전집처럼 보였다. 신혼여행부터 짬짬이 다녀온 주말여행, 나들이, 휴가, 아이의 출생부터 100일의 기록까지, 소중한 기억들을 언제든지 꺼내 볼 수 있다는 점이 부럽기까지 했다. 이렇게 값진 결과물을 만들려면 그만큼의 노력과 시간이 필요하다는 사실을 다시 한 번 깨닫게 되었다.

스마트폰
사진 정리 솔루션

● 휴대용 포토 프린터
요즘은 스마트폰 카메라로 고퀄리티의 사진을 찍을 수 있기 때문에 일반 디지털 카메라만큼 활용도가 높다. 휴대용 포토 프린터가 있으면 찍는 즉시 인화하여 앨범에 끼우거나 수첩에 붙이면 정리가 끝난다. 똑같은 사진을 친구들과 나눠가질 수도 있다. L업체에서 나온 포토 프린터기는 잉크가 필요 없고, 인화지만 있으면 되므로 편리하게 사용할 수 있다. 필름 카메라처럼 30장, 50장의 인화지를 가져가서 한 장, 한 장 소중하게 찍으면 아날로그와 디지털의 매력을 동시에 느낄 수 있을 것이다.

● 스마트폰 인화 서비스
인화하고 싶은 스마트폰 사진이 많다면 스마트폰 사진 전용 인화 서비스를 활용해보자. 온라인 사진 인화 전문 기업 Z사에서 제공하는 스마트폰 어플리케이션을 활용하면 인화 주문 및 결제까지 한 번에 가능하다. 사진의 해상도에 따라 대형 인화도 할 수 있으며, 디카북, 사진액자, 캘린더, 사진을 넣은 엽서까지 제작할 수 있다.

● 사진 전용 클라우드 서비스
포털사이트 G업체에서 제공하는 클라우드 서비스는 용량이 무제한이다. 날짜(일별, 월별, 연별) 순으로 사진이 배열되어 보기도 쉽고, 원하는 사진들을 모아 폴더 격인 앨범에 보관할 수도 있다. 또 움직이는 이미지(GIF파일), 여러 장의 사진을 한 장으로 모은 이미지(콜라주), 앨범처럼 넘기면서 볼 수 있는 스토리, 음악과 함께 사진이 플레이되는 포토 동영상 등 다양한 유형으로도 만들 수 있다.

● SNS 활용하기
얼마 전 싱가폴로 여행을 떠나는 지인이 어디가 좋은지를 물어봤는데 기억이 잘 나지 않아 SNS를 찾아보았다. 사진과 함께 텍스트로 어디인지, 무엇을 했는지까지 잘 정리되어 있어서 놀라웠다. 잊어버렸던 기억들이 하나둘 되살아나는 경험이었다.

찍는 즉시 SNS에 올리면 사진 정리하는 데 시간을 따로 낼 필요가 없다. SNS 중에 인스타그램은 사진 공유로 특화된 SNS라 텍스트를 쓰지 않아도 되고 사진 보정기능도 잘 되어 있다. 공개가 부담스럽다면 비공개 옵션을 선택할 수 있고, 공개를 허락한 사람에게는 보이지 않도록 공개 범위를 설정하면 된다.

3부

부자처럼 우아한
삶을 유지하려면

몸을 움직이는
사람

우아하게 사는 법

현대 심리학 창설자 중의 한 사람인 윌리엄 제임스는 "뛰어난 자질을 원한다면 그것을 이미 지니고 있는 사람처럼 행동하라"고 말한다. 미국의 작가인 조지 W.크레인 박사도 "당신이 이루려는 바대로 행동하면, 행동하는 바대로 이루어질 것이다"라는 주옥같은 말을 남겼다. 그들의 말처럼 부자가 되고 싶다면 부자처럼 행동하면 된다. 흥청망청 돈을 쓰라는 얘기가 아니다. 부자처럼 좋은 물건을 쓰고, 우아하고 기품 있게 살라는 것이다.

좋은 물건을 쓴다

기업들은 최대 이윤을 추구하기 위해 저품질의 물건을 대량생산했다. 그리고 소비능력이 그 사람의 가치를 나타내는 것처럼 사람들의 소비욕망을 자극시켰다. 사람들은 좋은 물건보다 살 수 있는 물건을 좋아하게 되었다. 좋은 물건을 경험하는 일이 점점 줄어들면서, 자연스럽게 좋은 물건을 고르는 능력도 잃게 되었다. 지금 살 수 있는 적당한 물건은 금방 싫증이 나거나, 쓸 수가 없게 되므로, 또 다른 소비를 부르게 된다. 그러면 또다시 적당히 타협한 물건을 구입하면서, 계속해서 돈을 쓰게 되는 순환을 반복하게 되는 것이다.

또 고급 물건은 부자들을 위한 것이라는 선입관 때문에 생각조차 하지 못하는 사람들이 있는데, 부자들이 고급 물건을 쓰는 이유는 합리적인 소비를 하기 위해서다. 재테크 전문지 〈웰스매니지먼트〉의 '한국 자수성가형 부자들의 특징'이란 칼럼을 보면, 부자들의 취향과 소비습관을 알 수가 있다. 부자들 중에는 오래된 가구나 가전제품을 가지고 있는 사람들이 많다고 한다. 부자들은 스타일이 변했다고 유행을 좇아 가구나 가전제품을 사지 않는다. 또 그들은 수수하지만 드러나지 않는 명품 옷을 선호한다고 한다. 한 가지를 사더라도 제대로 사서 오래 활용하려는 것이다.

좋은 물건이란 오래오래 쓸 수 있을 만큼 아름답고 기본에 충실하고 좋은 품질의 것이다. 좋은 물건은 소량만 생산되기 때문에 비싼 값을 치러야 하는 것이 사실이다. 그러나 꼭 필요한 물건이라면 적당한 것에 만족하지 말고 좋은 물건을 사자. 적게 사고, 아낀 돈으로 좋은 것을 사면 된다. 좋은 물건은 볼 때마다 즐겁고, 평생 만족스럽게 쓸 수 있기 때문에 장기적으로 생각했을 때 돈을 모으는 길이다.

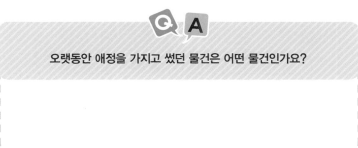

오랫동안 애정을 가지고 썼던 물건은 어떤 물건인가요?

정리에서 자유로워진다

돈을 전혀 쓰지 않되 부자처럼 사는 방법도 있다. 안락하게, 우아하게 사는live 것이다. 《심플하게 산다》의 저자이자, 프랑스 시인인 도미니크 로로는 아무리 작고 평범한 집이라도 시를 쓰고, 꽃과 화초를 가꾸고, 정갈한 상차림을 한다면 우아하고 기품 있는 삶을 살 수 있다고 말했다. 그녀의 말처럼 우아한 삶은 여유롭고, 생산적이며, 자질구레한 일을 최소화한 삶이다. 하루 종일 잡다한 일을 하느라 분주하고 수선스럽게 사는 것은 기품과는 거리가 멀다.

우리가 원하는 우아하고 기품 있는 삶을 살기 위해서는 집 안에 최소한의 물건만 있어야 한다. 물건이 많을수록 설거지거리는 쌓이고, 먼지를 닦는 것이 번거로워지며, 정리해야 할 물건이 끝없이 나온다. 물건이 많으면 그만큼 해야 할 집안일이 늘게 돼있다.

정리정돈이 습관으로 몸에 배어 있어야 한다. 쓴 물건은 바로 제자리에 두고, 그릇은 사용 후 즉시 닦아 놓으며, 세탁기는 자주자주 돌려준다. 정리정돈을 습관으로 자리 잡게 하면 청소나 정리를 하는 데에 시간과 에너지가 많이 들지 않는다. 한꺼번에 몰아서 할수록 시간도 오래 걸리고, 힘들고 짜증스러운 일이 된다.

백조가 우아하게 수면 위에 떠있을 수 있는 이유는 수면 밑에서 끊임없이 발을 움직이기 때문이다. 우리도 우아하게 살려면 부지런히 몸을 움직여야 한다. 앞서 소개한 정리법에 따라 정리를 한차례 끝내봤다면 정리 습관을 만들기는 어렵지 않다. 간단

**내가 원하는 우아하고 완벽한 하루는 어떤 하루인지
구체적으로 상상해봅시다.**

한 규칙과 간단한 도구만 있으면 가능하다. 이번 챕터에서는 정리 상태를 유지할 수 있는, 즉 정리를 습관화할 수 있는 방법에 대해 알아보자.

타이머의 힘

한 TV 프로그램의 똑소리 살림꾼 특집에 여자 연예인들이 출연한 적이 있었다. 일상을 담은 화면을 보면서 자신만의 살림과 육아에 대해 소개하는데 한 여배우의 육아비법이 매우 인상 깊었다.

그녀는 편식하는 아이들이 야채를 잘 먹을 수 있도록 오믈렛 만드는 방법을 소개했다. 오믈렛이 완성되자 아이들에게 밥을 먹게 하는 장면이 이어졌다. 아이를 키워본 사람이라면 밥먹이는 일이 쉬운 일이 아니라는 것을 알고 있을 것이다. 그런데 그녀는 똑소리 살림꾼답게 너무나 쉽게 아이들을 식탁에 앉혔고 밥을 먹게 했다. 비법은 바로 '타이머'였다.

이 방법을 쓰기 전까지 달래도 보고, 혼도 내보고, 따라다니면서 입에 넣어주는 등 온갖 방법을 썼다고 한다. 그런데 아이들이 밥을 먹게 만든 것은 엄마의 잔소리보다는 타이머와 규칙이었다. 타이머가 울리면 밥을 치운다는 규칙을 적용했더니 문제가 쉽게 해결되었던 것이다.

지금 당장 시작하라

'플라이 레이디'라는 애칭으로 잘 알려진 말라 실리라는 여성
은 미국 주부들 사이에서 '집 정리의 달인'이라고 불린다. 그녀는
자신이 만든 '5분 방 구출법'을 전파하고 있는데, 정리가 안 되는
가장 심각한 장소에 가서 타이머로 5분을 맞춘 후 타이머가 울릴
때까지 격렬한 부기춤을 추듯 최대한 몸을 움직여 물건을 치우는
것이다. 5분 동안의 정리만으로도 공간의 변화를 느낄 수 있어,
정리를 어려워하는 주부에게 자신감을 갖게 한다.

《10초 아침 청소 습관》이라는 책에서는 청소할 시간이 없다고
핑계를 대는 사람들에게 '10초 아침 청소'를 추천한다. 10초 안
에 청소가 가능한지 궁금하겠지만, 창문 열기 · 물건 버리기 · 털
기 · 쓸기 · 닦기 등, 각 행동들은 모두 10초를 넘기지 않는다는
것이다. 만일 하루 30분씩 청소를 하기로 한다면 시간 부담 때문
에 지속하기 힘들 것이다. 그렇지만 10초만 청소하자고 생각하
면, 하루에도 몇 번씩은 실천할 수 있을 것 같다는 생각이 든다.

세렌체 님은 언제나 아이들의 장난감으로 어질러져 있는 거실
이 익숙했다. 미션에 참여하면서 15분이라는 짧은 시간 안에도
말끔히 정리될 수 있다는 사실에 매우 놀라워했다. 사실 시간이
별로 걸리지 않은 일이었는데, 아이들 핑계를 대며 방치하고 있
었던 것이다.

정리는 물리적인 행동을 요구하는 일이다. 몸을 움직여야 하

고, 정리하는 시간이 필요하다. 대부분 시간이 많이 걸릴 것 같아 아예 정리를 포기해 버리는데, 정리에 대해 조금만 태도를 바꾸고 적극적으로 몸을 움직인다면 짧은 시간 안에 놀랍게 정리 될 수 있다는 사실을 알게 될 것이다.

"오래 생각하지 마세요, 지금 당장 시작하세요."

사람들에게 정리 미션을 제시할 때 빼놓지 않고 넣는 마지막 문구다. 아무것도 하지 않으면 아무 일도 일어나지 않는다. 어지럽혀진 거실을 바라보며 '치워야 되는데'라고 생각만 할수록 미루게 되는 경우가 많다. 일단 행동하기 시작하면 생각이 정리되고 점점 추진력이 생겨나는 것을 느끼게 될 것이다.

몸이 잘 움직여지지 않는다면 타이머를 활용하자. 5분이라도 타이머를 맞추고 나면, 째깍거리는 소리가 당신을 격렬하게 움직이게 할 것이다.

타이머 활용법

'정리력 100일 페스티벌'에서는 미션을 수행할 때 타이머를 사용할 것을 권하고 있다. 초반 미션 중에 '타이머 사용하기'가 있기 때문에, 무조건 한 번은 사용해보고 그 효과를 경험할 수 있다. 회원들은 각각 다양한 상황에서 타이머를 유익하게 활용했다. 몇 가지 활용 사례를 소개한다.

출근시간과 이동시간

"아침 출근시간에 사용했는데, 씻고 화장하고 옷을 갈아입는 일 하나하나에 집중했더니 그동안 미뤘던 단추 달기까지 할 수 있었어요." ●행복한삶 님

"지하철 이동중에 타이머를 돌리고 책을 읽었더니 평소보다 20페이지나 더 많이 읽었어요." ●밤톨이 님

업무 집중시간

"오전업무 시간에 인터넷 기사 검색처럼 쓸데없는 일에 시간을 빼앗겼었는데, 타이머를 썼더니 집중이 잘 되고, 많은 업무들을 처리할 수 있었습니다." ●제이와이 님

집안일을 할 때

"설거지나 다림질을 할 때 활용했더니 평소보다 훨씬 더 빠르게 끝낼 수 있었네요." ●세렌체 님

"타이머를 맞추고 침대 방을 청소했어요. 그러니까 마치 손님이 올 시간이 다가오는 것처럼 빠릿빠릿 움직이게 되네요." ●행운이 님

인터넷 쇼핑할 때

"인터넷 쇼핑할 때 사용했어요. 그전에는 이것저것 보느라 시간도 많이 쓰고, 충동구매하기도 했거든요. 타이머를 썼더니 시간 내 쇼핑을 빨리 끝내야겠다는 생각이 들더라구요. 필요한 것만 딱 사고 쇼핑을 멈출 수 있었어요." ●해피베리 님

자녀를 교육할 때

"공부한답시고 책상에 앉아 세월아 네월아 하는 딸을 위해 딸 핸드폰에 타이머를 다운받아 25분 동안 공부하고, 5분 쉬고를 반복하게 했어요. 이렇게 습관이 들면 딸과의 불화를 대폭 줄일 수 있을 것 같습니다." ●플라타너스 님

"아이에게 스마트폰 게임을 하는 시간을 타이머로 제한했더니 잔소리하는 것보다 훨씬 효과적이었어요." ●윤금수 님

휴식을 취할 때

"허리디스크가 있어서 오래 앉아 있으면 무리가 오는데, 타이머 맞춰놓고 일하다가 울리면 일어나서 가벼운 스트레칭을 했더니 허리 통증이 나아졌어요." ●정리가필요해 님

타이머가 효과적인 이유

나는 오래전부터 효과적인 시간 관리 도구를 찾기 위한 노력을

해왔다. 지금까지 많은 시간 관리 도구를 써봤지만, 최고의 시간 관리 도구를 꼽자면 단연 '타이머'라고 생각한다.

어떤 타이머는 사용법을 배워야 할 정도로 복잡하다. 그러나 타이머는 사용방법이 매우 간단하다. 아무리 효과가 좋은 시간 관리 도구라도 간단하지 않으면 안 된다. 아날로그 타이머는 돌리기만 하면 되고, 디지털 타이머는 누르기만 하면 된다. 또, 오랫동안 사용해서 습관이 되어야만 효과가 나타나는 도구가 있는 반면, 타이머는 사용하는 즉시 효과가 나타난다. 타이머 효과의 비밀은 무엇일까?

어떤 행동을 해야 할 때, 혹은 하지 말아야 할 때 우리는 '생각'과 '의지'의 영향을 받아야 한다. 이때 생각 혹은 행동을 전환할 수 있는 '자극'이 필요한데, 타이머가 그 역할을 하는 것이다. 아침에 알람 소리는 시계를 보지 않고도 현재 몇 시가 되었는지를 알려준다. 우리는 알람을 듣고, 기상을 해야 된다는 것을 상기한다. 반대로 공부할 때 사용하는 타이머는 알람이 울리기 전까지는 공부를 멈추지 않고 지속하게 하는 신호다.

또한, 타이머는 집중력을 향상시켜준다. 학창시절 시험 전날 벼락치기로 좋은 점수를 받은 기억이 있을 것이다. 마감일 전날이 되어서야 제자리걸음만 하던 기획서의 진도가 쭉쭉 나갔던 경험도 해봤을 것이다. 처음에는 절대 해낼 수 없을 것 같던 일도 막상 코앞에 닥치면 엄청난 집중력을 발휘해서 끝내곤 한다. 이것을 '마감 효과'라고 한다. '마감 효과'가 생기는 이유는 뇌에 적절한 긴장감을 주어 집중력을 향상시키기 때문이다. 타이머를 사용하면 실제 마감은 아니지만 연속적인 시간에 시작점과 끝점을 정해주기 때문에 언제든 '마감 효과'를 만들 수 있다.

정리의 골든타임을 사수하라

정리 컨설턴트란 직업을 많은 사람들에게 알린 것은 2011년 여름 tvN의 〈화성인 바이러스〉라는 프로그램을 통해서였다. 〈화성인 바이러스〉는 특이한 식성이나 생활습관을 가진 일반인을 취재하는 프로그램이었다. 제작진으로부터 정리를 안 하고 사는 '난장판녀'의 집을 정리하고, 정리를 잘 할 수 있도록 컨설팅을 해달라는 요청을 받았다.

촬영하기 전에 난장판녀의 집 사진을 보내주었는데 정말 충격적이었다. 어떻게 이런 집에서 생활할 수 있는지 의아했다. 알고 보니 난장판녀는 화장실이 더러워 찜질방에서 목욕을 하고, 악취 때문에 1년 내내 에어컨을 가동하고 있었으며, 밤에는 벌레들 때문에 불을 켜고 잠을 잔다는 것이었다. 이 정도 상태라면 분명히 그녀에게 심리적인 문제가 있을 것이란 생각이 들었다.

촬영 날 난장판녀를 직접 만나보니 쓰레기집에서 생활하리라고는 상상할 수 없을 정도로 귀여운 외모와 밝고 쾌활한 성격의 소유자였다. 어쩌다가 집이 이렇게까지 되었는지 물었더니, 6개월 전까지는 어머님이 종종 오셔서 집을 치워주셨는데 멀리 이사를 가시는 바람에 발길이 끊어졌다고 한다. 본인도 야근이 많고 일이 너무 힘들다 보니, 치우는 것을 계속 미루다가 이렇게 되었다는 것이다. 미루는 것이 단기간에 얼마나 극단적인 상황까지 갈 수 있는지를 보여주는 사례였다.

반나절이 넘게 쓰레기를 모두 치우고, 청소와 소독, 해충박멸까지 하고 나니 밖이 어둑어둑해졌다. 마지막 촬영은 난장판녀에게 정리를 미루지 않도록 컨설팅을 해주고, '각서'를 작성하는 장면이었다. 나는 몇 가지 간단한 규칙을 주었다.

- 매일 밤 9시에 방 걸레질을 한다. (방바닥에 아무것도 두지 않는다.)
- 쓰레기가 생기면 곧바로 쓰레기통에 버린다.
- 쓰레기통이 차면 바로 비운다
- 밥을 먹고 나서 즉시 설거지를 한다.
- 장을 볼 때 먹을 양만 산다.
- 생필품은 마트가 아닌 집앞 슈퍼에서 구입한다.
- 빨래는 3일 이내에 한다.
- 물건을 사용하면 제자리에 둔다.
- 정기적으로 친구들을 집으로 초대한다.

몇 달 후 난장판녀가 정리 상태를 잘 유지하고 있는지 궁금해졌다. 작가 분을 통해 그녀의 안부를 물었다.

"대표님, 영은 씨 정리 잘하고 있대요!"

무엇보다 반가운 소식이었다. 그날 집만 치워주고 갔다면 오래지 않아 원래상태로 돌아갔을 것이라 확신한다. 마지막에 그녀에게 준 몇 가지 단순한 규칙이 그녀에게 커다란 변화를 가져온 것이 아닐까.

If-then 플랜

여러분은 스스로 약속한 것을 미루지 않고 잘 지키는 편인가? 난장판녀만큼은 아니겠지만 우리는 모두 어느 정도의 미루는 습성이 있다. 대부분의 사람은 저축이나 다이어트처럼 장기적으로 이익을 주는 약속들을 50% 밖에 완수하지 못한다고 한다.

컬럼비아 경영대학원 동기과학센터 부소장이자 《어떻게 의욕을 끌어낼 것인가》의 저자 하이디 그랜트 할버슨은 미루기 습성을 버리고, 목표 달성율을 300% 이상 증가시킬 수 있는 방법으로 'If-then 플랜'을 제안했다.

If-then 플랜은 '만약 x라면 y하겠다'라는 명확한 규칙을 만드는 것을 말한다. 사람들은 이런 조건을 만드는 데 능숙하고, 무의식적으로 자신의 행동지침으로 활용하는 경향이 있다. 그래서 이같은 심리를 활용해서 규칙을 적용하면, x라는 특정한 상황 자체가 y라는 행동을 이끄는 강력한 동기부여가 된다는 것이다.

그렇기 때문에 정리해야 하는 상황과 구체적인 행동 규칙을 정할수록 정리를 미루지 않을 수 있게 된다. 앞서 난장판녀에게 준 규칙 중에 '쓰레기통이 차면 바로 비운다'라는 규칙은 '쓰레기통이 찼을 때'라는 특정상황을 '쓰레기통을 비운다'라는 행동으로 연결하는 것이다. 그래서 그 순간을 알아채고 포착하게 되면, 고민하거나 주저하지 않고 행동으로 옮겨지게 되는 것이다.

물론 매일 지키지 못할 수도 있다. 그러나 If-then 플랜을 수립하지 않은 사람은 If-then 플랜을 수립한 사람보다 목표 행동을 하는 데 7.5시간이 더 걸렸다고 한다. If-then 플랜을 수립한 사람은 그렇지 않은 사람보다 해야 할 일을 미루거나 포기할 확률이 적어지는 것이다.

정리의 골든타임

나는 x의 상황을 '정리의 골든타임'이라 부른다. 골든타임은 위기의 상황에서 놓치지 않고 응급처치를 해야 하는 금쪽같은 순간을 말한다. 집 안이 어질러질 수 있는 위험의 순간, 정리를 미루지 않고 해야 하는 순간이 바로 '정리의 골든타임'이다. If-then 플랜에서 'x라면 y하겠다'를 'y하기 좋은 순간은 x이다'처럼 바꾸면 이해하기가 쉽다.

- 입었던 옷을 가지런히 걸어두기 좋은 때는 외출해서 돌아온 직후다.
- 세면대의 물때를 제거하기 가장 좋은 때는 아침에 샤워를 하면서다.
- 쓰레기를 버리기 가장 좋은 때는 쓰레기를 발견했을 때이다.
- 먼지를 닦아 내기 가장 좋은 때는 먼지를 발견한 순간이다.
- 식품의 유통기한을 표시하기 가장 좋은 때는 장본 직후이다.

골든타임은 찰나이므로 놓치기가 쉽다. 이 타이밍을 놓치면 작은 일도 큰 일이 되고, 금방 끝날 일도 언제 할지 모르는 일이 된다. 머리가 나쁘면 손발이 고생한다는 말이 있듯이, 순간을 놓치면 하기 힘든 일이 되는 것이다. 정리하기 좋은 때를 놓치지 말자.

Tip

골든타임이 중요한 라벨링 습관

라벨링은 정리된 집을 만드는 데 가장 효과가 좋은 장치다. 수납공간에 붙이면 물건의 주소가 되고, 냉장고 식품에 붙이면 유통기한을 알려준다.

알뜰살뜰미밍 님은 '전선에 라벨링하기' 미션을 실천하면서, 라벨링을 하기 전과 한 후의 물건이 달라 보이게 되었다는 소감을 말했다. 알고는 있었지만 실천으로 옮기지 못했던 것을 직접 해보니, 그 전과 다르게 얼마나 편리한지 직접 느끼게 되었다는 것이다.

이분처럼 라베링이 좋은 것을 알지만 실천하지 않는 사람이 많다. 그 이유는 무엇일까? 나는 라벨링을 하기 가장 좋은 골든타임을 놓치기 때문이라고 생각한다. 그 순간을 놓치면 현상유지편향 때문에 없으면 없는 대로, 불편함에 적응하면서 살게 되는 것이다.

그렇다면 라벨링을 하기 가장 좋은 골든타임은 언제일까? 제자리를 정한 순간, 제품의 포장을 뜯는 순간, 또는 불편함을 느낀 순간이다. 그 순간을 놓치지 않고 펜과 라벨지를 꺼내어 '이것이 무엇인지' '언제까지 유효한지' '누구의 것인지' '무엇의 자리인지'를 표시하자.

귀찮음을 이겨내는 순간이 많아질수록, 순간을 놓치지 않는 작은 노력이 많아질수록 우리는 정리의 스트레스에서 해방될 수 있으며, 삶은 더욱 안락해질 것이다.

몰입의 장소를 만들어라

정리와 청소를 잘하는 직업이 있다. 대표적인 직업이 바로 군인과 스님이다. 군인이 관물대를 정리하고, 스님이 마당을 쓰는 모습은 매우 익숙한 풍경이다. 공통점도 많다. 예를 들면 '유니폼을 입는다, 헤어스타일이 짧다, 주로 산에서 산다, 규칙적인 생활을 한다' 등등. 두 직업이 정리된 삶을 살아야 하는 이유는 무엇일까?

부대 곳곳에서 '전투 준비태세 확립'이란 단어를 자주 볼 수 있다. 군인은 언제나 전쟁이 일어날 수 있다는 마음으로 경계를 소홀히 하지 않아야 한다. 스님은 주변이 어지러우면 마음이 산란해지고 수행에 방해를 받을 것이다. 청소가 곧 수행이 되기도 한다. 그들은 언제나 준비가 되어 있어야 하기 때문에, 늘 정리가 되어 있는 것이다.

군인과 스님처럼 준비된 삶을 살게 된다면 어떨까? 어제 준비해놓은 옷을 입고, 빈 책상에 필요한 서류를 꺼내고, 손질된 재료

로 저녁식사를 준비하고, 깔끔하게 정돈된 곳에서 휴식을 취할
수 있다면? 마치 이륙준비를 하는 활주로의 비행기처럼 하고자
하는 일에 지체가 없을 것이다.

클린 스팟 만들기

나는 늘 준비된 삶을 살기 위해 '클린 스팟'이라는 원칙을 지키
고 있다. 클린 스팟은 일이 이루어지는 중요한 장소를 말한다. 요
리를 하는 조리대, 밥을 먹는 식탁, 일을 하는 책상, 편안히 쉬어야
하는 거실바닥과 같은 곳이다. 나는 클린 스팟만큼은 절대로 물건
을 두지 않는다. 이것은 가족들도 모두 지키고 있는 원칙이다.

만약 뭐 하나 할 때마다 물건을 치우거나 찾는 일부터 시작해
야 한다면 하고자 하는 의욕이 꺾이고, 스트레스를 받으면서 일
을 시작하게 될 것이다. 사용해야 하는 물건이 잘 정돈되어 있고,

공간이 깔끔하게 정리되어 있다면 하고자 하는 일을 거침없이 행동으로 옮길 수 있다. 쾌적한 환경에서 휴식을 더 잘 취하게 될 것이고, 일도 더 잘 몰입하게 될 것이다.

나는 '정리는 죽음을 준비하는 것이다'라고 생각한다. 누구나 죽음을 생각할 때는 당장의 이익보다는 삶의 본질에 대해 생각하고 진짜 삶에 집중하게 된다. 시한부 삶을 살게 된다면 1분 1초라도 헛되게 시간을 보내고 싶지 않을 것이다. 매 순간 의미 있게 삶에 몰입하고 싶어질 것이다. 마치 군인이 전쟁이 나면 바로 전투에 나가고, 스님이 언제 어디서든 깨달음을 얻기를 바라는 마음으로 말이다. 매 순간 정리된 삶을 산다면 스트레스와 낭비에서 벗어나 매 순간 몰입할 수 있게 될 것이다. 그것이 바로 정리를 해야 하는 본질적인 이유이기도 하다.

밀대와 물티슈

우아하고 아름다운 삶의 시작은 거추장스럽고 더러운 것을 제거하는 것에서부터 시작된다. 눈에 거슬리고 발에 걸리적거리는 것들을 두는 것은 우리를 성가시게 하므로 우아한 삶을 방해한다. 일상의 작은 부분들부터 무시하지 않고 깨끗함과 정돈, 질서가 자리 잡힐 때, 삶은 안정감이 생기고, 아름답고, 우아해질 수 있다.

그런데 정리를 못하는 사람들은 대체로 청소도 잘 못한다. 게

으름 때문이다. 그런 사람들에게는 가장 간단하고 편리한 청소도구를 곁에 둘 것을 추천한다. 청소기를 꺼내서 줄줄이 선을 풀고, 시끄러운 웽 소리를 들으면서 힘들게 청소기를 밀고 다니는 것은 게으른 사람들에게 더 곤욕스러운 일이다. 밀대를 사용하는 것이 훨씬 청소와 친해질 수 있는 방법이다.

밀대와 함께 강력 추천하는 도구는 물티슈다. 나는 물티슈를 좋아한다. 우스갯소리로 '물티슈 성애자'라 할 정도로 물티슈를 좋아한다. 우리 집 각 방에도 물티슈가 한 개씩 있는데, 화장대, 책상, 선반에 쌓인 먼지가 눈에 들어오면 그 즉시 물티슈로 먼지를 닦아낸다. 물티슈 한 장이면 10초만에도 주변이 깨끗해진다.

정리 초심자일수록 좋은 도구에 집착하는 경우가 많은데, 도구를 사용하는 것도 레벨에 맞게 사용해야 한다. 정리정돈과 청소가 귀찮은 사람에게는 간단한 도구가 최고다. 아무리 성능이 좋은 도구라도 사용하기 조금이라도 힘들다면 무용지물이 되기 때문이다. 간단한 도구로 잠깐의 시간 동안 청소를 할 수 있다면, 하루에 두세 번은 더 할 수 있게 될 것이다.

정리된 삶의
시작

느린 Day 프로젝트

어느 날 정리력 카페에 긴 글이 하나 올라왔다. 글을 올린 심플러 님은 요 근래 카페에서 다양한 프로젝트에 참여하고, 공개특강도 열심히 참석하시는 분이었다. 심플러 님이 올린 글의 제목은 '느린 Day 프로젝트'였다.

"저는 성격이 엄청 급하고, 스트레스를 잘 받는 성격입니다. 책상은 늘 서류더미로 덮여 있고, 바탕화면은 파일로 빈

틈없이 채워져 있지요. 집안 사정도 다르지 않습니다. 손톱깎이는 맨날 어디에 있는지 찾아야 되고, 설거지거리는 항상 쌓여 있습니다.

정리보다 더 중요한 일이 많기 때문에, 정리할 시간이 없다고 생각했습니다. 하지만 주변에 일 잘하는 동료를 보니 일도 잘하고, 정리도 잘 하더군요. 시간은 누구에게나 공평한 것인데, 왜 저에게는 정리할 시간이 없는지 이상했습니다. 어쩌면 제 마음의 문제일 수도 있다는 생각이 들었습니다. 그래서 생각한 것이 바로 '느린 Day'라는 프로젝트입니다. '느린 Day'는 시간이 느리게 흘러간다는 설정을 하고, 평소보다 여유 있게 행동하는 것입니다.

프로젝트를 하면서 저는 그동안 미루었던 많은 일들을 했습니다. 출근하고서 물티슈를 한 장 뽑아 책상을 닦으며 '책상 닦을 시간은 충분해'라고 생각했고, 물건을 쓰고 나서는 '제자리에 둘 시간은 충분해'라고 생각했습니다. 회사에서도 결재서류를 전송하기 전에 '오타를 검토할 시간은 충분해'라고 생각했더니 계산 실수까지 잡아낼 수 있었습니다.

'느린 Day'를 경험하고 나니 예전보다 훨씬 똑똑해진 느낌입니다. 실수도 줄었고, 더 많은 일을 할 수 있게 되었습니다. 지금도 조급증이 발동하지만, 그때마다 저는 '이거 먼저 정리해도 시간은 충분해'라고 스스로를 타이릅니다. 그러면 금방 마음이 차분해지면서 스트레스가 줄어듭니다."

어쩌면 정리를 못하는, 아니 안 하는 많은 사람들이 현실보다 바쁘게 흘러가는 마음속의 시계를 가지고 사는 것인지도 모르겠다. 항상 바쁘고, 여유롭지 못한 많은 사람들이 느린 Day를 통해 매 순간 정리할 시간이 충분하다는 사실을 경험했으면 좋겠다.

혼잣말하기의 효과

사람들은 정리를 해야 된다고 생각하지만 잘 실천하지 않는다. 《습관의 재발견》의 저자 스티븐 기즈는 좋은 습관을 만드는 것이 어려운 이유는 '의지력' 때문이라고 말한다. 의지력은 사람마다 각기 다르게, 일정한 양으로 정해져 있다는 것이다. 그렇다면 정리를 습관화할 수 있도록 의지력을 높일 수 있는 방법은 없을까?

의지력을 높이는 방법으로 '혼잣말하기Self Talk'를 추천한다. 느린 Day 프로젝트에서 심플러 님이 한 것처럼 '정리할 시간은 충분해'라고 말한다거나, '귀찮아도 지금 하자' '생각났을 때 하자'처럼 말이다. 심리학자들은 이를 '자기 대화'라고도 부른다. 사람들은 발언, 조언, 되새김을 하는 대상으로 자기 자신을 삼을 때 혼잣말을 하게 되는데, 혼잣말은 우리의 기분이나 행위에 커다란 차이를 가져온다는 것이다.

미시건대학교 심리학과 에단 크로스 교수도 자신을 타인으로 생각할 때 자신에 대해 더 객관적이고 유용한 피드백을 줄 수 있다고 말했다. 자신과 대화를 나누다 보면 의식을 표면화하여 행동을 수정할 수 있기 때문이다. 티슈한장 님은 "아무리 귀찮아도 '지금 안 하면 내가 언제 해'라고 생각했더니, 지금 당장 해야겠다는 의지가 생기더라구요"라는 경험담을 나눠주었다.

그리스 테살리대학교의 안토니스 핫치조르지아디스 부교수는 혼잣말은 특정 임무를 수행할 수 있게 이끌어 주기 때문에 새로운 업무를 배우거나 연습할 때 유용하다고 말한다. 정리가 습관이 되지 않는 나 자신에게 혼잣말은 더 효과적인 것이다. 골든타임을 놓치지 않고 정리를 했을 때, 깔끔하게 정돈했을 때 '잘했어'라고 스스로에게 칭찬하는 것도 잊지 말자. 긍정적인 피드백을 하는 것이 보상의 역할을 하므로 반복행동을 강화하는 데 중요한 역할을 한다. 혼잣말이 자연스럽게 없어질 때, 어느새 정리도 습관이 되어 있을 것이다.

정리하지 않는 가족에게

비만은 전염된다는 연구가 있다. 가족 중에 누군가가 과체중

이면 다른 식구도 과체중이 될 확률이 높다는 것이다. 가볍게 먹는 사람들도 많이 먹는 사람들의 집단에 섞여 있으면 훨씬 더 많이 먹게 된다. 사람들이 서로의 행동을 따르기 때문이다. 정리력 100일 프로젝트 참가자들의 가족들을 보면 좋은 행동도 전염되는 것이 분명하다.

"여보, 요즘 왜 이렇게 정리를 열심히 해?"

"엄마, 무슨 일 있어?"

일단 프로젝트를 시작하면 가족들이 관심을 보인다. 집에서 누군가 물건을 다 끄집어내고, 버리고, 정리에 열중하는 모습을 그냥 지나치는 가족들은 없을 것이다.

정리력 100일 프로젝트가 가족의 이슈가 되기도 한다. 라디오님은 가족들의 옷과 엄마의 구역인 주방용품들을 정리하다 보니 가족 간에 대화가 많아지고, 특히 아버지가 정리를 많이 도와주셔서 아버지와의 사이가 더 좋아졌다고 한다.

마지막으로 더 놀라운 것은 가족들이 관심으로 그치지 않고 함께 정리하기 시작한다는 것이다.

"옷 정리를 하고 있는데, 딸이 "엄마 오늘 미션은 옷방 정리야? 나는 책상 정리할게"라며, 스스로 방 정리를 깨끗하게 해 놓았어요." ●배도리 님

"요즘 제가 정리를 열심히 하다 보니 다섯 살짜리 막내가

언니, 오빠가 쓰는 문구 상자를 정리해 놨어요. 사진을 보니 붓은 붓대로, 가위는 가위대로 분류해 놓았네요. 정말 기특하고 신기해요." ●하프타임 님

• "정말 놀랍네요. 매일 집을 뒤집어 놓다시피 정리를 했더니, 정리한 곳이 조금이라도 흐트러지면 가족들이 알아서 정리하는 거 있죠!" ●정리와함께 님

많은 사람들이 정리하지 않는 가족들로 인해 고통을 호소한다. 나 역시 아내와 결혼을 하고서, 한때는 정리하란 잔소리를 입에 달고 살았었다. 웬만한 여자보다 집 안 정리를 잘했으니, 아내도 그런 내가 부담스러웠을 것이다. 그런데 아내가 갑상선암 치료를 받게 되었고, 아픈 아내를 조금이라도 기쁘게 해주고 싶어서 아무 말 없이 내가 제일 잘하는 정리와 청소를 더 열심히 해줬던 시간이 있었다. 지금은 완치되어 건강해졌고, 정리까지 잘하는 아내가 되었다. 내가 먼저 정리하면, 가족들도 정리하게 되어 있다. 정리력 카페 회원들과 내가 직접 경험한 사실이다.

《어린왕자, 두 번째 이야기》에서는 세상을 바꾸는 방법에 대해 이렇게 이야기 한다. 많은 사람들이 타인과의 갈등을 다른 사람의 변화를 통해 해결하려고 한다. 그러나 세상을 바꾸는 단 하나의 방법은 나 자신이 바뀌는 것이다. 내가 먼저 정리하고, 정리

에서 자유로워진다면 정리로 인한 갈등은 의외로 쉽게 해결될 수 있다. 경우에 따라서는 가족이 바뀌는 기적을 경험하게 될 것이다. 정리력 카페 회원과 내가 경험한 것처럼 말이다.

정리 요요현상의 비밀

드라마 속 주인공의 집과 우리집의 차이점은 무엇일까? 드라마 속 집은 늘 정리가 잘 되어 있고, 우리집은 늘 정리가 안 되어 있다는 것이다. 사실 드라마 속 집은 절대 어질러질 일이 없다. 우리집에서는 씻고, 밥을 먹고, 옷을 입고, 세탁을 하는 등의 '활동'이 일어나지만, 드라마 속 집은 주인공들의 배경일 뿐 아무 일도 일어나지 않기 때문이다.

많은 사람이 정리를 하고 나서 원상태로 돌아오는 것에 대한 스트레스를 가지고 있다. 정리 컨설팅을 받는 것에 대해 부정적인 시선 중 하나도 돈을 들여 받더라도 다시 원상태로 돌아올 것이라는 추측 때문이다. 실제 우리 컨설턴트는 해피콜을 통해 정리 상태가 유지되고 있는지를 확인하는데, 잘 유지되고 있다는 분도 있고, SOS를 외치는 고객도 있다. 그럴 때는 신속한 재방문을 통해, 고객에게 중요한 사실을 알게 한다.

"어? 금방 다시 정리되었네요?"

한번 시스템을 만들어 놓은 다음에는 제자리를 찾는 것은 금방이다. 모델하우스가 아닌 이상 생활을 하다 보면 물건들이 나오는 것은 당연한 건데, 사람들은 계속 정리해야 한다는 사실에 스트레스를 받는다.

얼마 전 부산에서 정리 컨설팅을 받은 P고객님으로부터 메일이 온 적이 있었다.

"저는 여전히 어지르기와 치우기를 반복하고 있습니다."

메일은 이렇게 시작되었다. '컴플레인을 하시려는 걸까?' 하는 생각에 긴장된 마음으로 메일을 읽어내려갔다. 그러나 전혀 다른 내용이 이어졌다.

"하루 하루가 지나갈수록 정리 컨설팅 받은 건 신의 한 수였다는 생각이 듭니다. 예전과 크게 달라진 점이 있는데, 어지르면서 생활하는 시간이 줄어들었습니다. 어지르기를 멈추고, 치우기 시작하는 시간이 빨라진 것입니다.

또 한 가지 놀라운 점은 치우기에 끝이 있다는 것을 알았습니다. 오늘 아침은 거실이 어질러져 있어서 정리를 시작했는데, 치우기를 시작하고 30분 만에 끝이 났습니다. 예전에는 끝이 없던 일이었지요.

　감사합니다. 대표님 덕분입니다."

　메일을 읽으면서 나는 속으로 '그렇지, 바로 그겁니다!'를 외쳤다. 그녀는 거실 정리 전 사진이 부끄러워서 보낼까, 말까를 망설이던 끝에 용기를 내어 사진을 첨부했다고 했다. 30분 만에 치운

▲ 컨설팅 후 다시 어질러도 복구가 빨라진다.

거실의 모습은 컨설팅 직후의 모습과 별반 다르지 않을 정도로 완벽하게 정리되어 있었다.

정리력 100일 페스티벌 참여자 핑크 님도 비슷한 경험을 했다. 미션을 수행하면서 집 안 속까지 정리했더니, 겉으로는 집이 많이 어질러 있는 것처럼 보여도 치우는 데 많은 힘이 들지 않는다는 것이다. 촛불 님 역시 우렁각시가 집을 정리해준 것처럼 신기한 경험을 했다고 한다.

"요 며칠 야근하느라 집 안이 난장판이었어요. 주말에 집에서 뒹굴거리면서 쉬었는데, 집이 점점 정리되는 느낌이었어요. 눈에 보이는 쓰레기들을 치우고, 꺼내어진 물건들을 제자리에 놓았던 것뿐이었는데 저절로 정리가 된 것 같았어요."

물론 물건들을 제자리에 되돌리는 물리적인 행동은 필요하다. 중요한 것은 원상복구가 되는 데는 예전처럼 많은 시간이 걸리지 않는다는 것이다.

수학계의 노벨상이라 불리는 필드상을 수상한 바 있는 하버드 대학교 명예교수 히로나카 헤이스케는 《학문의 즐거움》이라는 책에서 '열심히 공부해도 잊어버리게 되는 것을 왜 공부를 해야 하는가'에 대해 이렇게 말한다.

"그것은 지혜를 얻기 위해서다. 지혜가 만들어지는 한 공부한 것을 잊어버린다고 하더라도 그 가치는 여전한 것이다."

혹자는 '아무리 정리해도 금방 다시 어질러지는데 정리를 계속해야 되는가'라는 의문을 품는다. 나는 그 말에 히로나카 헤이스케의 말을 빌어 답하고 싶다.

정리력을 얻기 위해 정리를 계속해야 한다. 정리력이 생기면 인생이 어질러지더라도 금방 질서를 잡게 될 테니 말이다. 그러므로 정리하고, 어지르고, 다시 정리하라.

에필로그

　몇 년 전까지만 해도 나는 평범한 월급쟁이 직장인이었다. 그런 내가 사업을 하게 된 것은 '부자'가 되고 싶은 열망 때문이었다.

　내가 태어난 곳은 전라남도 강진군에 있는 계라리라는 이름도 어려운 깡촌마을이다. 어머니 따라 열 살에 올라온 서울은 나에게 많은 충격을 주었는데, 가장 큰 충격은 내가 가난하다는 것을 알게 된 것이었다. 이를 처음 느낀 것은 학교 점심시간이었는데, 친구들의 도시락에는 소시지, 오징어채볶음, 예쁜 계란말이가 담겨 있는 데 반해, 내 도시락에는 김치나 나물, 가끔씩 계란후라이가 담길 뿐이었기 때문이다. 같이 밥을 먹던 친구들도 왠지 내 반찬에는 손을 대지 않는 것 같고, 나도 부끄러운 생각에 점심시간이면 늘 기가 죽어 있었다. 시골에서는 비슷한 생활환경에서 살기 때문에 '가난'이라는 단어를 들어 본적이 없었는데, 서울에서는 나의 가정환경을 평가하는 단어가 된 것이다.

가난을 알게 된 열 살 때부터 나의 꿈은 부자가 되는 것이었다. 그 후 나는 무엇을 하면 부자가 되는지에 대해서 늘 관심을 가졌다. TV에 나온 부자들은 대부분 사업을 하고 있었기 때문에, 자연스럽게 '사업하면 부자가 된다'라는 것이 학습되면서, 사업가가 되겠다는 구체적인 목표도 생기게 됐다. 첫 직장에 취직하면서도 나에게는 여느 신입사원들과는 다른 포부가 있었는데, 사업을 하기 위해 딱 10년만 직장생활을 하겠다고 마음먹은 것이다.

그렇게 10년이 지나고 내가 그렇게 열망했던 사업을 하기로 결심할 때가 되었다. 당시 경제적인 여유가 없던 상황이라 직장을 그만두겠다는 결정을 내리기 쉽지 않았다. 하지만 오랜 기간 실천해온 '정리'는 적게 쓰면서도 충분히 생활을 할 수 있다는 경제관념을 심어 주었기 때문에, 어려운 상황에서도 사업을 시작할 수 있는 용기를 주었다. 사업자금은 서울시 청년 창업 지원 사업에 공모하여 받은 지원금으로 충당해, 자본금 없이 정리 사업을 시작하게 된 것이다.

직장을 그만두고 백화점에서 정리 강의를 하고 처음으로 수입이란 게 생겼다. 10만 원도 채 안 되는 돈이었지만, 나는 그 돈이 너무나 소중했다. 어머니께서 푼돈의 위력을 몸소 보여주셨으므로, 나는 그 돈 중 절반은 주저하지 않고 저금했다. 적게 쓰고, 소액이라도 저금하는 습관은 경제적 여유가 없던 때에도 삶의 안정감을 느끼게 해주었던 원천이었다. 그렇게 시간이 흐르고 정리 사업도 점점 확장할 수 있게 되었고, 지금 직장인이었다면 생각하지 못할 정도의 많은 돈을 벌고 있다.

혹자는 내가 돈을 어마어마하게 많이 벌었을 거라 생각하지만, 지금도 많은 투자와 노력이 필요한 상황이라 남들이 생각하는 부자가 되려면 아직까지 갈 길이 멀다. 그러나 내가 갖고 싶은 것이 있으면 별 걱정 없이 사고, 국내든 해외든 여행 가고 싶은 곳이 있으면 간다. 사람들이 부자가 되고 싶어 하는 궁극적인 이유도 미래에 대한 불안을 해소하고, 하고 싶은 대로 할 수 있는 자유를 얻고 싶기 때문이 아닐까? 티베트 속담 중에 "충분히 갖고 있다고 느끼는 사람이 부자다"라는 말이 있듯이, 진실로 중요하게 생각하는 것을 즐기고, 그것을 구입할 수 있는 돈이 있으면 부자인 것이다.

평범했던 내가 사업가가 되어 경제적으로, 시간적으로 많은 여유를 누릴 수 있게 된 것은 '정리의 힘'이 있었기 때문이다. 정리가 나의 삶을 변화시킨 것처럼 사람들이 이 책을 읽고 정리를 실천하여, 돈으로부터 안정감을 느끼고, 원하는 것을 얻을 수 있는 자유를 누리길 바란다. 정리하는 습관이 바로 돈 모으는 습관이다.

마지막으로 이번 책이 나오기까지 많은 도움과 응원을 주신 많은 분들에게 감사의 인사를 전하고 싶다. 인생의 동반자가 되어준 아내 김소영과 딸 윤서진, 기획부터 자료 정리, 원고 집필을 도와준 심지은 매니저, 날카로운 피드백으로 책의 수준을 높여주신 위즈덤하우스의 박지수 에디터, 정리 컨설팅 사례 수집에 도움을 준 베리굿정리컨설팅의 유지선 공동대표와 정리 컨설턴트들, 정리의 가치를 알고 있는 정리 컨설팅 고객님들과 정리력 카페 회원들, 늘 기도해주시는 어머니, 동생 성미, 장인·장모님, 친가족처럼 소중한 김재용 목사님, 김진성 목사님, (사단법인)신직업창직가협회 서쌍원 회장님, 임한규 사무총장님 등 협회 임원분들, '좋아요'로 응원해 주시는 수많은 SNS 친구분들께 진심으로 감사드린다.

참고도서

- 가네코 유키코, 주부의벗사 편, 《수납 다이어트》, 소울, 2012
- 게리 켈러, 제이 파파산, 《원씽》, 비즈니스북스, 2013
- 고경호, 《4개의 통장》, 다산북스, 2009
- 곤도 마리에, 《버리면서 채우는 정리의 기적》, 더난출판사, 2013
- 곤도 마리에, 《인생이 빛나는 정리의 마법》, 더난출판사, 2012
- 그레첸 루빈, 《무조건 행복할 것》, 21세기북스, 2010
- 데이비드 알렌, 《끝도 없는 일 깔끔하게 해치우기》, 21세기북스, 2011
- 도미니크 로로, 《심플하게 산다》, 바다출판사, 2012
- 리 코커렐, 《타임매직》, 다산북스, 2015
- 리노이에 유치쿠, 《운이 좋아지는 풍수 수납 정리》, 넥서스BOOKS, 2004
- 맥스웰 길링험 라이언, 《아파트 테라피》, 사이, 2012
- 박종기, 《부자들의 가계부》, 청림출판, 2013
- 베르너 티키 퀴스텐마허, 로타르 J. 자이베르트, 《단순하게 살아라》, 김영사, 2002
- 스타판 뇌테부르, 《시간을 요리하는 뽀모도로 테크닉》, 인사이트, 2010
- 스티븐 기즈, 《습관의 재발견》, 비지니스북스, 2014
- 야마다 히로미, 《돈과 행운을 부르는 정리의 비밀》, 윌컴퍼니, 2015
- Emi, 《바쁜 엄마도 쉽게 하는 내 아이 사진 정리법》, 심플라이프, 2015
- 엔도 이사오, 야마모토 다카아키, 《디지털 단식》, 와이즈베리, 2012
- 유미현, 《성적을 확 올리는 집중공부법》, 평단문화사, 2003
- 이마무라 사토루, 《10초 아침 청소 습관》, 청림Life, 2013
- 임한규, 정윤호, 강우리, 《책상위치만 바꿔도 아이성적이 달라진다》, 생각나눔, 2014

• 정은길,《여자의 습관》, 다산북스, 2013
• 제프 자비스,《공개하고 공유하라》, 청림출판, 2013
• 조윤경,《깐깐한 수납》, 웅진리빙하우스, 2008
• 조윤경,《똑똑한 수납》, 웅진리빙하우스, 2011
• 좀 크럼볼츠, 라이언 바비노,《천 개의 성공을 만든 작은 행동의 힘》, 2014
• 주디스 러바인,《굿바이 쇼핑》, 좋은생각, 2010
• 찰스 두히그,《습관의 힘》, 갤리온, 2012
• 하네다 오사무,《지갑 방 책상》, 아템포, 2014
• 하노 벡,《부자들의 생각법》, 갤리온, 2013
• 〈하버드 비즈니스 리뷰코리아 May 2014〉
• 하이럼 W.스미스,《성공하는 시간 관리와 인생관리를 위한 10가지 자연법칙》, 김영
  사, 1998
• 히로나카 헤이스케,《학문의 즐거움》, 김영사, 2008

부록

집 안 정리
프로젝트

● 돈 정리 30일 프로젝트

일 자	구 분	내 용	체 크
1일차	지갑	지갑에 불 필요한 것 버리기	
2일차	지갑	마일리지 카드 스마트 어플리케이션 정리하기	
3일차	지갑	신용카드 해지하기(숨기기)	
4일차	지갑	현금영수증 발급하기	
5일차	고정지출	부채상환 원리금, 주택 관련 지출 정리하기	
6일차	고정지출	보험료 관련 지출, 가족생활 관련 지출 정리하기	
7일차	고정지출	계절성지출 파악하기	
8일차	고정지출	고정지출 평가하기 (새는 돈 찾기)	
9일차	고정지출	보험 (조회해) 정리하기	
10일차	고정지출	불필요한 보험, 서비스 해지하기	
11일차	고정지출	지출계좌 통일하기, 지출일 변경하기	
12일차	저축계획	저축 가능 금액 파악하기	
13일차	저축계획	1년 내, 3년 내, 5년 내 목돈 계획 세우기	
14일차	저축계획	새로운 목적의 적금계좌 개설하기	
15일차	저축계획	재테크 책 구입하기	
16일차	습관	가족들과 지출내역 및 저축계획 공유하기	
17일차	가계부	가계부 작성하기	
18일차	가계부	지출 평가하기	
19일차	가계부	영수증 모으기, 평가하기	
20일차	청구서	청구서 처리하기	
21일차	청구서	이메일/모바일 청구서 및 자동이체 변경하기	
22일차	통장	안 쓰는 통장 파쇄하기	
23일차	통장	휴면 계좌 조회 및 해지하기	
24일차	통장	사용 계좌 목적/용도 정리하기	
25일차	통장	적금 계좌 만기일/만기금액/목적 정리하기	
26일차	기타	안 쓰는 물건 중고로 판매하기	
27일차	습관	노 쇼핑하기	
28일차	습관	지출행동강령 정하기	
29일차	습관	자주 애용하는 브랜드 정하기	
30일차	습관	잘 산 물건, 후회하는 물건 찾아보기	

● 주방 정리 30일 프로젝트

일자	구분	내 용	체크
1일차	식품	차, 커피 정리하기	
2일차	식품	상온식품(조미료) 정리하기	
3일차	물건	식탁 위 정리하기	
4일차	물건	그릇, 접시 정리 – 일상용	
5일차	물건	그릇, 접시 정리 – 보관용	
6일차	물건	기타 그릇 정리하기	
7일차	물건	컵, 물통 정리하기	
8일차	물건	수저, 조리도구 정리하기	
9일차	물건	장바구니, 비닐 정리하기	
10일차	물건	냄비, 프라이팬 정리하기	
11일차	물건	일회용품 정리하기	
12일차	물건	랩, 호일 정리하기	
13일차	물건	베이킹/기타 도구 정리하기	
14일차	물건	청소도구 정리하기	
15일차	물건	밀폐용기 정리하기	
16일차	물건	가전제품 정리하기	
17일차	물건	안 쓰는 가전제품 팔거나 기증하기	
18일차	냉장고	냉장고 청소하기	
19일차	냉장고	집에 있는 재료로 반찬 만들기	
20일차	냉장고	장류, 양념류 정리하기	
21일차	냉장고	반찬류 정리하기	
22일차	물건	소스류 정리하기	
23일차	물건	식품류 정리하기	
24일차	물건	야채/과일류 정리하기	
25일차	냉장고	해산물류/육류 정리하기	
26일차	냉장고	가루/곡물류 정리하기	
27일차	냉장고	냉동식품류 정리하기	
28일차	냉장고	음식 소분하기	
29일차	냉장고	냉장고 재고 조사하기 (포스트잇 정리법)	
30일차	습관	라벨링하기/정리도구 활용하기	

● 드레스룸 정리 30일 프로젝트

일자	구분	내 용	체크
1일차	화장대	화장품 정리하기	
2일차	화장대	화장품 샘플 정리하기	
3일차	화장대	헤어제품/드라이기 정리하기	
4일차	시스템	정리도구(칸막이, 바구니, 시스템서랍) 구입	
5일차	의류	개는 옷 버리기 & 정리하기-상의	
6일차	의류	개는 옷 버리기 & 정리하기-하의	
7일차	의류	양말, 스타킹 정리하기	
8일차	의류	속옷류 정리하기	
9일차	기타	정리도구(옷봉, S고리, 옷걸이) 구입하기	
10일차	의류	거는 옷 버리기 & 정리하기-상의	
11일차	의류	거는 옷 버리기 & 정리하기-하의	
12일차	의류	거는 옷 버리기 & 정리하기-파카/코트	
13일차	습관	안 입는 옷 판매/기부하기	
14일차	소품	가방 정리하기	
15일차	소품	넥타이 정리하기	
16일차	소품	벨트 정리하기	
17일차	소품	스카프 정리하기	
18일차	소품	모자 정리하기	
19일차	소품	계절용품 정리하기	
20일차	소품	액세서리 정리하기	
21일차	침구	이불 정리하기	
22일차	침구	침대 & 침대 주변 정리하기	
23일차	시스템	옷걸이 둘 곳 만들기	
24일차	시스템	빨래통 편리한 위치에 두기	
25일차	유지	구겨진 옷 다림질하기	
26일차	유지	의류커버, 비닐 제거하기	
27일차	유지	드라이클리닝/수선 맡기기	
28일차	습관	일주일 입을 옷 코디하기	
29일차	습관	옷 빼면서 옷걸이도 함께 빼기	
30일차	습관	집에 오자마자 옷 벗고 정리하기	

● 아이방/공부방 정리 30일 프로젝트

일 자	구 분	내 용	체 크
1일차	공통	조명 바꿔주기/조명 청소하기	
2일차	공통	물건 제자리 라벨링하기	
3일차	공통	공간 구획(놀이, 공부, 잠 등) 나눠주기	
4일차	공통	가방 정리하기	
5일차	공통	정리하는 시간 정하기	
6일차	공통	아이에게 정리법 알려주기	
7일차	공통	거는 옷 정리하기 (상의, 외투)	
8일차	공통	개는 옷 정리하기 (하의, 속옷/양말)	
9일차	아이방	망가진 장난감 버리기	
10일차	아이방	안 쓰는 물건이나 장난감 판매/기증하기	
11일차	아이방	필요한 수납도구나 가구 구입하기	
12일차	아이방	장난감 세척하기	
13일차	아이방	교구 정리하기	
14일차	아이방	퍼즐 정리하기	
15일차	아이방	딱지, 카드 정리하기	
16일차	아이방	위험요소 살펴보기	
17일차	아이방	인형 정리하기	
18일차	아이방	장난감 친구와 바꿔 가지고 놀기	
19일차	공부방	가구 배치 바꾸기	
20일차	공부방	자녀와 함께 책읽기	
21일차	공부방	교구, 운동기구 정리하기	
22일차	공부방	학습지 정리하기	
23일차	공부방	책 정리하기	
24일차	공부방	문구정리하기	
25일차	공부방	책상 위 정리하기	
26일차	공부방	컴퓨터 하루 사용하지 않기	
27일차	공부방	문제집/교과서 정리하기	
28일차	공부방	첫째, 둘째 서랍 정리하기	
29일차	공부방	셋째, 넷째 서랍 정리하기	
30일차	공부방	상장/작품/체험학습 정리하기	

● 베란다 정리 30일 프로젝트

일자	구분	내　용	체크
1일차	거실	소파 청소하기	
2일차	거실	에어컨 청소하기	
3일차	거실	협탁, 선반 먼지 닦기	
4일차	거실	손톱깎이 제자리 만들기	
5일차	거실	의약품 정리하기	
6일차	거실	운동용품 정리하기	
7일차	거실	매뉴얼 지퍼백/파일에 정리하기	
8일차	거실	리모컨 제자리 만들기	
9일차	거실	전선/콘센트 정리 및 라벨링하기	
10일차	거실	청소기 돌리기, 걸레질하기	
11일차	거실	텔레비전, 오디오 먼지 닦기	
12일차	거실	TV장, 서랍 정리하기	
13일차	거실	커튼, 쿠션 커버 빨래하기	
14일차	거실	가족사진 액자 걸기	
15일차	거실	가훈, 사명 적어서 붙이기	
16일차	거실	달력에 기념일 표시하기	
17일차	거실	장식장, 장식품 정리하기	
18일차	거실	신문, 광고지 정리하기	
19일차	거실	카펫, 러그 청소하기	
20일차	거실	비품(화장지, 세재 등) 정리하기	
21일차	베란다	화분 정리하기	
22일차	베란다	1년 이상 사용하지 않은 물건 골라내기	
23일차	베란다	빨래 개기	
24일차	베란다	공구함 정리하기	
25일차	베란다	장기 보관품(박스 물품) 메모해두기	
26일차	베란다	창고에 안 쓰는 물건 과감히 버리기	
27일차	베란다	세탁기 주변 정리하기	
28일차	베란다	창틀 닦기	
29일차	베란다	유리창 닦기	
30일차	베란다	바닥 물 청소하기	

● 욕실 · 현관 정리 30일 프로젝트

일 자	구 분	내 용	체 크
1일차	욕실	샤워하면서 바로 청소하기	
2일차	욕실	선반 청소하기	
3일차	욕실	칫솔 정리하기	
4일차	욕실	변기 청소하기	
5일차	욕실	양치컵 닦기	
6일차	욕실	소모품(치약, 칫솔, 샴푸 등) 정리하기	
7일차	욕실	청소도구 소독, 관리하기	
8일차	욕실	곰팡이, 물때 제거하기	
9일차	욕실	수건 예쁘게 정리하기	
10일차	욕실	화장지 정리	
11일차	욕실	면도기 정리하기	
12일차	욕실	아이 물놀이 장난감 정리하기	
13일차	욕실	염색제 / 드라이기 정리하기	
14일차	욕실	거울, 벽면 닦기	
15일차	현관	정리도구(수건걸이, 신발정리대, 바구니) 구입하기	
16일차	현관	안 신는 신발 버리기	
17일차	현관	신발 수선하기	
18일차	현관	자주 신는 신발 분류하기 (세탁하기)	
19일차	현관	계절용 신발 분류 및 관리하기	
20일차	현관	신발 얼룩 닦기, 먼지 털기	
21일차	현관	신발 신고 제자리에 놓기	
22일차	현관	신발장 정리하기—우산	
23일차	현관	신발장 정리하기 – 운동용품	
24일차	현관	신발장 정리하기 – 야외용품	
25일차	현관	신발장 서랍 정리하기—안 쓰는 것 버리기	
26일차	현관	신발장 서랍 정리하기—신발 용품	
27일차	현관	신발장 서랍 정리하기—기타 용품	
28일차	현관	외출 준비물(열쇠 등) 비치하기	
29일차	현관	현관 바닥 청소하기	
30일차	현관	잊지 말아야 할 것 메모, 장식품 달기	

부자가 되는 정리의 힘

초판 1쇄 발행 2015년 12월 15일 **초판 22쇄 발행** 2024년 9월 10일

지은이 윤선현
펴낸이 최순영

출판1 본부장 한수미
와이즈 팀장 장보라

펴낸곳 ㈜위즈덤하우스 **출판등록** 2000년 5월 23일 제13-1071호
주소 서울특별시 마포구 양화로 19 합정오피스빌딩 17층
전화 02) 2179-5600 **홈페이지** www.wisdomhouse.co.kr

ⓒ 윤선현, 2015

ISBN 978-89-6086-887-3 03320